Meisterschaft dank Menschlichkeit

Tobias Mann

Meisterschaft dank Menschlichkeit

- Leitfaden für Trainer zum Thema
Menschenführung im Sport -

Bibliografische Information der Deutschen Nationalbibliothek:

Die Deutsche Nationalbibliothek verzeichnet diese Publikation in der Deutschen Nationalbiografie; detaillierte biographische Daten sind im Internet über http://dnb.dnb.de abrufbar.

© 2017 Tobias Mann, Alle Rechte vorbehalten.

Erste Auflage, März 2017

Herstellung und Verlag: BoD - Books on Demand, Norderstedt

ISBN: 9783743111837

Den Autor erreichen Sie unter tm-literature@mail.de

Sämtliche Inhalte dieses Buches wurden – auf Basis, die der Autor für vertrauenswürdig erachtet – nach bestem Wissen und Gewissen recherchiert und sorgfältig geprüft.
Der Autor, der Verlag sowie alle Personen, die mit der Erstellung des Werkes in Verbindung stehen, haften nicht für mögliche Folgen, die bei der Umsetzung des vermittelten Gedankengutes entstehen können.

Alle Rechte, insbesondere das Recht der Vervielfältigung und Verbreitung sowie der Übersetzung, vorbehalten. Kein Teil des Werkes darf in irgendeiner Form (durch Fotokopie, Mikrofilm oder ein anderes Verfahren) ohne schriftliche Genehmigung des Verlages reproduziert werden oder unter Verwendung elektronischer Systeme gespeichert, verarbeitet, vervielfältigt oder verbreitet werden.

Vorwort

Liebe Leserinnen und Leser,

in diesem Buch geht es um das Schönste auf der Welt – das menschliche Miteinander und die schönste Nebensache der Welt – den Sport. Der Inhalt dieses Buches bezieht sich auf jede beliebige Mannschafts- oder Individualsportart, unabhängig von der Anzahl der Beteiligten. Da ich Fußballtrainer bin, nehme ich in diesem Buch in erster Linie zu dieser Sportart Bezug. Der Markt ist überschüttet von Fachbüchern für Deutschlands beliebteste Mannschaftssportart. Mit dem Ziel, mich als Trainer weiterzubilden, war ich immer wieder auf der Suche nach geeigneter Literatur. Selbstverständlich fand ich diverse Bücher, viele davon sehr nützlich, aber trotz diverser Bücher mit mehreren hundert Seiten Inhalt, blieb der von mir so sehr erwünschte Lerneffekt aus. Nach all den Jahren als Trainer erhielt ich keine Innovationen mehr. Immer wieder bunte Bildchen mit vorgefertigten Trainingseinheiten für eine komplette Saison. Immer die gleichen Übungen, dargestellt durch statische Grafiken - mal mit roten, mal mit blauen Männchen und vielen, vielen Laufwegen. Bitte verstehen Sie mich nicht falsch. Ich finde diese Bücher generell gut. Auch ich besitze diese Bücher, aber was helfen diese Bücher mit ihren guten fachlichen Inhalten, wenn man den Sportlern die Fähigkeiten und Kenntnisse nicht vermitteln kann? Was nützt der fachlich überragende Trainer, wenn er auf der sozialen Ebene versagt und am Ende – trotz sportlichem Erfolg - entlassen wird? Diese Trainer schaffen es zwar schaffen, die Spiele zu gewinnen, aber schaffen es nicht, ihre Spieler zu gewinnen. Gute Ideen müssen verworfen werden, weil Trainer die falschen Methoden anwenden, um Ihre Spieler zu überzeugen.

In unserer schnelllebigen, erfolgsorientierten Zeit, in der es immer auf Professionalität und Leistungsdruck ankommt, vergessen wir nur allzu oft, Mensch zu sein. Dabei ist es doch das menschliche Miteinander, was das Leben so lebenswert macht. Dieses Buch soll uns zurück zu den Wurzeln führen. Menschen betreiben in erster Linie Mannschaftssport, weil sie Spaß haben wollen. Es liegt an uns Trainern, dies zu erhalten oder wieder hervorzurufen. Ein Trainer im Mannschaftssport hat die Kernaufgabe, mit Sportlern ZUSAMMENzuarbeiten und sie in ihrer Entwicklung zu fördern. Das gilt für die sportliche, wie für die menschliche Entwicklung und beinhaltet, Vertrauen und Loyalität aufzubauen sowie Erfolge gemeinsam zu feiern und Enttäuschungen gemeinsam zu verarbeiten und zu überwinden. Damit Ihnen dies gelingen kann, müssen Sie ein guter Menschenführer sein. Das eben benannte „Gut" der Menschenführung ist auf jedes Team individuell zugeschnitten. Wie Sie den richtigen Führungsstil für Ihr Team entwickeln und anwenden, werde ich Ihnen mit diesem Buch näher bringen.

In meinem Buch möchte ich keine vorgefertigten Dummy-Trainingseinheiten präsentieren, keine bunten Skizzen aufführen oder ähnliches. Das Buch soll Ihnen eine Hilfe sein, den ersten Schritt vor dem zweiten zu machen.
Der Sport wird meiner Meinung nach heutzutage ohnehin viel zu sehr verkompliziert und verführt uns Trainer dazu, den Fokus zu sehr auf das Fachliche, den zweiten Schritt, zu legen und die zwischenmenschliche Ebene auszublenden.

Hier möchte ich ansetzen. In diesem Buch kehren wir zurück zum Anfang, wie alles einmal begann. Ein paar Menschen verabreden sich, haben einen Ball und wollen gemeinsam Spaß haben.

Miteinander, Füreinander, Mannschaftssport – Meisterschaft dank Menschlichkeit.

Über den Autor

Tobias Mann ist ein lizenzierter Fußballtrainer aus der südniedersächsischen Bier- und Fachwerkstadt Einbeck. Aufgewachsen auf dem Dorfe, begann er seine ersten fußballerischen Versuche auf Straße, genauer gesagt auf einem alten Firmengelände, auf dem eine Garage als Tor diente.
Bereits im Jugendalter übernahm er als Trainer eine Jugendmannschaft und blickt fortan auf eine langjährige Erfahrung als Fußballtrainer im Junioren- und Seniorenbereich zurück. Er nahm stetig an fachlichen Aus- und Weiterbildungen – auch ab vom Fußball – teil, um sein Wissen breit zu fächern und zu erweitern. Nach erfolgreich absolviertem Abitur im Jahr 2007, machte er eine Ausbildung zum Bürokaufmann, der ein Betriebswirtschaftsstudium folgte. Zudem erwarb er im Jahr 2014 einen IHK-Abschluss im Bereich Personalmanagement. Als Trainer war er Ausbilder und Erzieher, vor allem aber Bezugsperson, für Jugendliche und Erwachsene verschiedenen Alters, prägte sie menschlich und fachlich. Dabei trainierte er verschiedenste Spieler, aus verschiedensten Kulturen und traf dabei auf all erdenkliche Charaktere. Diese Erfahrungen hat er in „Meisterschaft dank Menschlichkeit" niedergeschrieben und einen Leitfaden für die Interaktion zwischen Trainer und Athlet entwickelt, von dem beide Seiten profitieren, um somit den maximalen sportlichen und zwischenmenschlichen Erfolg zu erlangen.

Inhaltsverzeichnis

Einleitung.. 11
Wie aus Menschen Trainer werden.............................. 12
Trainerziele und –aufgaben.. 14
Mannschaftsziele und –aufgaben................................. 15
Regeln und Vorschriften... 16
Der Handshake-Deal.. 16
Bindeglied und Sprachrohr... 17
Alles unter einen Hut bringen....................................... 18
Kleine Erfolge = Große Erfolge..................................... 18
Trainer-Typen... 19
Handlungskompetenz... 20
Selbstkompetenz.. 20
Fachkompetenz.. 21
Soziale Kompetenz.. 21
Interkulturelle Kompetenz.. 21
„Die hübsche Blondine" (Trainer-Typ 1)....................... 22
Exkurs: Menschenführung früher und heute................ 25
„Der Kumpel-Typ" (Trainer-Typ 2)................................ 27
„Der Super-Coach" (Trainer-Typ 3).............................. 30
„Der Unter-Trainer" (Trainer-Typ 4).............................. 32
Führungsstile.. 34
Der Begriff „Führungsstil"... 35
Die klassischen Führungsstile...................................... 35
Autoritäre Führung.. 36
Kooperative Führung.. 37
Laissez-faire Führung... 37
Die Vor- und Nachteile der klassischen Führungsstile...... 38
Der richtige Führungsstil für Sie................................... 41
Die Kontinuum-Theorie... 42
Als Trainer durch die Saison.. 44
Szenario 1 – Sie sind „Der Neue".................................. 44
Das erste Date... 47
Szenario 2 – Sie sind ein „alter Hase".......................... 51
Nach der Saison ist vor der Saison.............................. 51
Die Teamsitzung, Teil I... 53
Das Werben um Neuzugänge...................................... 55
Über Abgänge.. 58
Saisonende vs. Saisonvorbereitung............................. 62

Der Vorbereitungsplan	62
Der Laufplan	64
Tag des Trainingsauftaktes	71
Neue Spieler für Ihr Team	71
Die erste Trainingseinheit	72
Die weiteren Trainingseinheiten	74
Trainingstag	77
Trainingslager	78
Testspiele	79
Mannschaftssitzung	80
Mannschaftskapitän	80
Mannschaftsrat	81
Über Führungsspieler	82
Die Pflichtspielphase	83
Das erste Pflichtspiel	85
Spielorganisation und Informationsweitergabe	85
Der Pflichtspieltag von A bis Z	87
Die nächsten Trainingseinheiten	103
Über Konstanz	104
Die soziale Interaktion	107
Über die Rolle der Kommunikation	107
Die selektive Wahrnehmung	109
Körpersprache	110
Konzentration und aktives Zuhören	112
Beziehungs- und Sachebene	113
Sprache	114
Rückmeldung	114
Methodik und Didaktik	115
Methodische Lehrtätigkeit	115
Trainingsmaterial	120
Die ersten 100 Tage	124
Visionen und Ziele	125
Motive und Bedürfnisse	127
Zeitmanagement	128
Teambuilding	131
Die Rolle des Feedbacks	136
Familie und Freunde	139
Ende der Hinrunde	139
Die Winterpause	140
Vorbereitung auf die Rückrunde	140
Konfliktmanagement	141

Struktur und Konsequenzen 154
Wir sind ein Team! 155
Die richtigen Knöpfe drücken 156
Selbstvertrauen 157
Umgang mit Niederlagen 157
Fair Play 159
Dem Druck standhalten 159
Umgang mit Stress 162
Der Tag der Entscheidung 167
Der Unterschied zwischen guten Trainern und
den besten Trainern 167
Das Blatt zum Guten wenden 168
Anhang
Ehrendkodex für Fußballtrainer 170
Nachwort 173

Einleitung

Mein Buch soll Ihnen als eine Hilfe für Trainer im Sport dienen. Es soll Ihnen ein nützlicher Trainer-Leitfaden im Leistungs- und Breitensport sein, für erfahrene und junge Trainer oder diese, die mit dem Gedanken spielen, einmal eine Mannschaft zu übernehmen. Ebenso soll mein Buch für Jugend-, Senioren- oder auch Alt-Senioren ein Anreiz sein sowie selbstverständlich auch für den geschlechtsspezifischen Mädchen- und Damensport. Ganz bewusst möchte ich auf Fachwörter, das Heranziehen komplexer Studien oder bunte Grafiken verzichten. Mein Ziel ist es, dass dieses Buch einfach und umgangssprachlich zu lesen ist und folglich auch für jedermann verständlich, unabhängig vom Bildungsabschluss oder der Herkunft. Ebenso möchte ich erreichen, dass mein Buch eine schnelle Hilfe für Sie darstellt und Ihnen die Möglichkeit gibt, das Neuerlernte oder aufgefrischte Wissen schnell bei Ihrer Mannschaft anzuwenden. Deshalb werde ich mich in meinen Ausführungen immer möglichst kurz fassen und mit Aufzählungen und Grafiken arbeiten. Bitte beachten Sie, dass ich in diesem Buch einen Leitfaden – als eine Art gut gemeinten Rat für Trainer einer Mannschaftssportart – darstelle. Zwar stellt dieser meinen persönlichen Master-Plan dar und ich bin fest davon überzeugt, dass er auch auf Ihre Mannschaft bestens zugeschnitten ist, allerdings ist es wie immer im Leben - es geht natürlich auch anders. Es ist auch gar nicht möglich, einen perfekten Stereotypen-Masterplan zu entwickeln, weil er auf die jeweiligen Mannschaften zugeschnitten sein muss, zusätzlich auf die jeweiligen Charaktere, Interessen und Bedürfnisse der Spieler. Sie sollen neues Wissen erlernen, sich nützliche Tipps einholen oder Ihr altes Wissen auffrischen, das Ihnen in Ihrer möglicherweise langen Trainerlaufbahn unbemerkt abhanden gekommen ist.

„Meisterschaft dank Menschlichkeit" setzt sich aus einer fiktiven Geschichte, Erlebnissen und Erfahrungen aus dem Trainer-Alltag sowie aus fachlichen Themenschwerpunkten zusammen, welche ich wechselseitig anbringen werde und die dafür sorgen, dass Sie einen praxisnahen Bezug zu Ihrem Handeln erhalten.

Schwerpunkt des Ganzen soll das menschliche Miteinander sein, aber auch nützliche Tipps für Ihr Verhalten als Trainer, Ihr Auftreten, Ihre Körpersprache. Nehmen Sie mich als Ihren Freund oder großen Bruder wahr. Ich möchte, dass Sie eine lange und erfolgreiche Trainerkarriere vor sich haben. Wenn ich mit diesem Buch dazu beitragen kann – selbst, wenn nur ein einziger meiner Ratschläge hilfreich für Sie ist - habe ich bereits mein persönliches Ziel dieses Buches erreicht.

Wie aus Menschen Trainer werden

– Ein denkbar ungünstiger Startschuss -

Sie sind jetzt also Trainer. Herzlichen Glückwunsch! Eine neue Aufgabe, die Sie fortan ein ganzes Jahr begleiten wird. Sie haben einen Trainervertrag oder eine Übungsleitervereinbarung unterschrieben (haben Sie?) und erhalten für Ihre Tätigkeit eine Aufwandsentschädigung für Ihre investierte Zeit und Ihre entstandenen Kosten. Jemand hat Sie angesprochen, Ihnen ein paar lobende Worte gesagt und aufgezeigt, dass genau Sie der richtige Trainer sind. Möglicherweise handelt es sich um die Mannschaft, in der Ihr Kind spielt? „Als Elternteil sind Sie doch ohnehin immer dabei." Sie sind Student und „haben doch die nötige Zeit?" Sie „waren ein guter Spieler und müssen folglich auch ein guter Trainer sein?" „Der Verein hat große Sorgen überhaupt einen Trainer zu finden?" Oder wenn Sie bereits Trainer sind: „Sie waren doch bereits bei Verein XY erfolgreich, weil[...]". Warum eigentlich? Weil Sie die Meisterschaft geholt haben?

Sicherlich kommen Ihnen die oben aufgeführten Aussagen bekannt vor. Eine Trainerstelle ist vakant und muss neu besetzt werden. Mit Ihnen. Hat der Verein diese Lücke geschlossen, gilt für viele Vereine die Arbeit als getan. Im folgenden Frühjahr wird einmal vorsichtig nachgefragt, ob man in der folgenden Saison seine Arbeit fortzuführen gedenkt und noch bevor man die Antwort gegeben hat, steht Ihr Name wieder auf der Liste ein Veto Ihrerseits ausgeschlossen. Sollte es Ihnen bereits so ergangen sein, wird es bereits jetzt Zeit, ein Gespräch mit den Offiziellen zu führen. Man stelle sich einmal vor, jemand erhält einen Arbeitsplatz und wird nicht in seine Aufgaben eingewiesen. Jeden Tag kommt man zur Arbeit, es erfolgen aber keinerlei Auflagen und Kontrollen.

Als Trainer sind Sie Angestellter des Vereins. Sprechen Sie rechtzeitig vor Beginn Ihrer Tätigkeit über Aufgaben und Ziele Ihrer Arbeit, vereinbaren Sie feste Termine für „Trainerrunden" zwischen Vorstand und anderen Trainern des Vereins, um über aktuelle Anliegen zu sprechen und sich auszutauschen. Ohnehin wird im Sport zu wenig miteinander gesprochen. Das ist ein Grund, warum es immer wieder zu Konflikten verschiedener Parteien im Sport kommt. Deshalb möchte ich mich dieser sensiblen Thematik im weiteren Verlauf ganz ausführlich widmen.

Sprechen wir über den Begriff „Trainer", so gelangen wir schnell zum Begriff „Vereinskultur". Die Kultur eines Vereins muss zum Profil des Trainers passen und umgekehrt. Oft folgen Vereine einem Trend. Während in einer Spielzeit noch der strenge „Anführer" vom alten Schlag in Mode ist, kann schon kurze Zeit später ein jugendlicher Nobody, mit neumodernen Trainingsmethoden und neuen Ideen zur Menschenführung, ins Rampenlicht treten. Die Anforderungen eines Vereins sind unterschiedlich zu betrachten. Zählt zu den Anforderungen, der hohe sportlicher Sachverstand, verbunden mit der Erwartungshaltung diesen auch einzubringen, so ist ein Einzelkämpfer, der behauptet, er allein verstehe, was zu tun sei, sicherlich der falsche Trainer. Gleicht ein Verein einer Organisation, bei der primär Ergebnisse zählen und die menschliche Ebene als eher irrelevant betrachtet wird, so ist ein Typ „kameradschaftlicher Trainer" womöglich an der falschen Adresse.
Jeder Verein hat seinen eigenen kulturellen Kosmos. Ihn zu erklären ist schwierig, aber jeder weiß, dass er existiert.

„Kultur ist nichts Sichtbares, sondern das unsichtbare Band, das die Dinge zusammenhält"

(Joseph Joubert)

Den universell perfekten Trainer gibt es nicht. Die Kombination aus den Werten eines Vereins und die Art, wie ein Coach arbeitet, müssen im Einklang sein. Folglich gibt es den richtigen Trainer am richtigen Ort. Gleiches gilt für „die Zeit".
Es gibt den richtigen Trainer, zur richtigen Zeit. Es gibt den klassischen „Feuerwehrmann", einen Trainer, der prädestiniert dafür ist, ein Team in schwierigen Zeiten auf die richtige Bahn zu bringen. Gerne für ein kurzes Projekt verpflichtet, geling es dem Trainer, den

Verein vor dem Abstieg zu retten. Hat der Verein zurück in die Spur gefunden und strebt höhere sportliche Ziele an, so ist die Zeit des Feuerwehrmannes schnell wieder abgelaufen.

Im Folgenden möchte ich Ihnen einige Trainerziele und -aufgaben nennen, die ich für besonders wichtig erachte. Gleichzeitig soll dies auch für Vorstandsmitglieder eine Empfehlung sein, sich mit dem Trainer über Ziele und Erwartungen auszutauschen.

Trainerziele und –aufgaben

- Spaß, Freunde und Interesse am Sport fördern
- Zusammengehörigkeitsgefühl / Kameradschaft fördern
- Zur sportlichen und persönlichen Entwicklung beitragen
- Erziehen (zu echten Sportsmännern und –damen)
- Ausbildung der Sportler in Theorie und Praxis
- Förderung der Sportler in
  - Selbstständigkeit
  - Verantwortungsbewusstsein und Selbstkritik
  - Eigeninitiative
  - Selbstbewusstsein
  - Entschlussfähigkeit
  - Eigenmotivation
  - Willensstärke
  - sportlicher Kreativität
  - Konfliktfähigkeit
- Sportliche Entwicklung fördern
- Aus- und Weiterbilden
- Motivation und Begeisterung hervorrufen
- Fachlicher und menschlicher Ansprechpartner sein

Die Traineraufgaben im Wandel

Die Ansprüche an einen Trainer haben sich im Laufe der Jahre gewandelt. Gleiches gilt für das Verhalten gegenüber Autoritäten generell. Die Spieler folgen nicht mehr blind. Diese Zeiten sind längst vergangen. Stattdessen wollen Sportler mitsprechen, verstehen und hinterfragen Entscheidungen und Inhalte. Die Spieler wollen wissen, warum sie folgen. So geschieht es, dass der heutige Trainer in verschiedene Kostüme schlüpfen muss. Er muss die Rollen des Ausbilders, Erziehers und Motivators gleichermaßen ausfüllen, zugleich aber auch Schleifer sein und als Kumpeltyp auftreten. Ziemlich hohe Ansprüche an einen Trainer.

Trainerziele präsentieren

Es bietet sich an, während der Vorbereitung auf die neue Saison, eine Mannschaftssitzung einzuberufen. Stellen Sie Ihrer Mannschaft währenddessen Ihre persönlichen Trainerziele vor. Sie können hierzu die oben genannten Trainerziele und –aufgaben nutzen und durch Ihre persönlichen Trainerziele ergänzen. Treten Sie ruhig und selbstbewusst auf. Präsentieren Sie Ihrem Team Ihre Ziele. Es empfiehlt sich, die Trainerziele auf einer großen Flipchart aufzuführen. Verbinden Sie die Präsentation mit einer motivierenden Ansprache.

Beispiel:
„Männer, ich habe es mir zum persönlichen Ziel gesetzt, euch in der kommenden Saison nicht nur fußballerisch, sondern auch menschlich zu formen. Auf dieser Flipchart habe ich euch meine Ziele als Trainer präsentiert, die ich gleichzeitig als meine Aufgabe euch gegenüber ansehe. Ihr könnt mich an dieser Aufgabe messen. Ich verspreche euch, dass ich alles mir mögliche tun werde, um diese Ziele zu erreichen, aber der Weg dorthin ist keine Einbahnstraße. Ich habe mich in die Pflicht genommen, aber ohne eure intensive Mitarbeit sind diese Ziele nur Schall und Rauch."

Bewahren Sie dieses Stück Papier auf. Zu gegebener Zeit können Sie es sich immer mal wieder anschauen. Es dient zur Selbstreflexion der eigenen Trainerleistung. Nach Abschluss der Hinrunde können Sie es noch einmal aufhängen und Ihre Spieler an dieses Papier erinnern. Hierbei können Sie Ihrem Team ermöglichen, Punkte zu ergänzen und zu bewerten, ob diese Ziele erreicht wurden. Sie können sicher sein, dass sich Ihre Spieler an Ihre Präsentation von damals erinnern und da ich davon ausgehe, dass Sie ein gewissenhafter Trainer sind, der alle gesteckten Ziele erreicht hat, werden Sie von Ihrem Team ein positives Feedback erhalten.

Mannschaftsziele- und -aufgaben

Im Anschluss an Ihre Trainerziele und –aufgaben können im Mannschaftsrahmen sportliche Ziele gemeinsam diskutiert und abgestimmt werden, aber auch organisatorische Punkte und geplante Unternehmungen der Mannschaft außerhalb der Sportanlage. Wenn das gesamte Team bezüglich ihrer Vorstellungen auf einen gemeinsamen Nenner gekommen ist, können Sie die Mannschaftsziele und -aufgaben symbolisch eine Art Vertrag aufsetzten und alle Teammitglieder unterschreiben lassen. Um das Zusammengehörigkeitsgefühl von vornherein zu stärken, nutzen Sie im Rahmen der Kommunikation Plural-Pronomen („Wir",/„Uns" anstelle von „Ich"/ „Mein"), denn Menschenführung ist ebenfalls Plural und nicht Singular - und fordern Sie die Plural-Kommunikation von Ihren Spielern ebenfalls ein. Zum Abschluss ist es Ihre Aufgabe, das gesamte Team auf die vereinbarten Ziele einzuschwören. Damit meine ich wirklich alle Teammitglieder bis hin zum Platzwart.

Regeln und Vorschriften

„Menschen brauchen Regeln." Dies ist der allseits bekannte Tenor unserer Gesellschaft. Die Aufstellung von Regeln obliegt aber nicht dem Trainer. Ich habe es oft erlebt, dass zu Saisonbeginn, zeitgleich mit dem Vorbereitungsplan, ein Strafenkatalog verteilt wurde, der eine ganze DIN A4-Seite füllte. Ich möchte die Entscheidung allen Teams selbst überlassen, aber bin der Auffassung, dass über Konsequenzen und Strafen innerhalb des Mannschaftsverbundes, die Spieler entscheiden sollen. Lassen Sie Ihre Spieler die Regeln erstellen, aber achten Sie darauf, dass die festgelegten Regeln dann eingehalten werden. Bei den Regeln gibt es keinen Nährboden für Diskussionen. Schließlich wurden diese Regeln von den Spielern so festgesetzt. Härtefallentscheidungen sind durch den Verein zu treffen. Als Trainer sind Sie selbst Angestellter und es ist nicht Ihre Aufgabe, Menschen zu entlassen. Sie können hierbei aber beratend tätig werden.

Der Handshake - Deal

Ich bin der Meinung, dass es zu viele Regeln gibt, die einer Menschenführung im Wege stehen. Oft setzen Menschen regeln, um sich davon fernzuhalten, eigene Entscheidungen zu treffen. Lösen Sie sich von dieser Einstellung. Ich moniere es, wenn mit dem Finger auf jemanden gezeigt wird, weil er einen vermeidlichen Fehler begangen hat, ohne die Gründe zu erfragen, nur weil das eine Liste auf einem Stück Papier besagt. Deshalb bin ich auch kein Verfechter von Strafenkatalogen, denn dadurch nehmen Sie sich als Trainer Ihre Flexibilität in der Mannschaftsführung. Die Führung von Menschen sollte flexibel, fortlaufend, verstellbar und dynamisch sein.

Deshalb gebe ich Ihnen an dieser Stelle eine Anregung. Vereinbaren Sie stattdessen mit Ihren Spielern einen Handshake - Deal. Diese Vereinbarung beinhaltet folgende Punkte: „Niemand tut etwas Schädliches für sich selbst, denn sonst tut er etwas Schädliches für das ganze Team. Niemand stellt seine Bequemlichkeit vor seine Leistungsfähigkeit. Jeder gibt jederzeit sein Bestes, um der Beste zu sein, der er sein kann." Symbolisch wird diese Vereinbarung per Handschlag untereinander besiegelt.

Bindeglied und Sprachrohr

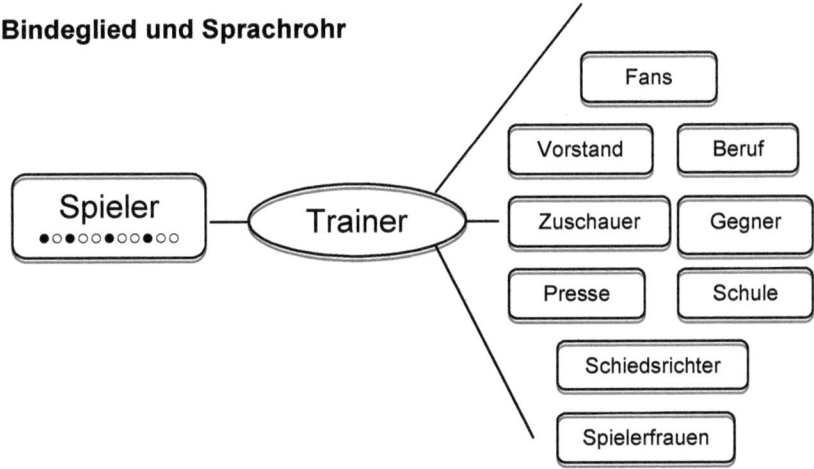

Abb.1 Der Trainer – Bindeglied und Sprachrohr

Der Trainer fungiert als Bindeglied zwischen den verschiedenen Stellen und Personengruppen und agiert ebenso als Puffer. Die vielen Faktoren sind allesamt zu berücksichtigen. Die einen mehr, die anderen weniger. Die Qualität der Vereinsorganisation entscheidet darüber, wie einfach die Aufgaben bewältigt werden können. Der Trainer oder noch besser der Verein, der den Spielern solche Lasten abnimmt, kann darauf zählen, dass die Spieler dies mit ihrer Leistung danken werden. Ein unbelasteter Spieler, mit freiem Kopf, ist ein leistungsfähiger Spieler, denn er kann sich einzig und allein auf seine Leistung konzentrieren.

Alles unter einen Hut bringen

„Es ist schwer, es zugleich der Wahrheit und den Leuten recht zu machen."

(Thomas Mann)

Abgesehen von den sportlichen und sozialen Zielen eines Trainers, ist es eine wahre Herausforderung, alle Faktoren befriedigend abzudecken:

- Schule / Studium / Ausbildung / Beruf und Sport vereinen
- Sportliche (= Ergebnisse) und konzeptionelle Ziele des Vereins erfüllen
- Unterstützung bei Schule / Beruf (z. B. Hilfe bei Suche eines Ausbildungsplatzes, so dass der Sport nicht zu kurz kommt; Gleiches gilt für Privates, um einen „freien Kopf" der Spieler zu ermöglichen)
- Vorstellungen und Erwartungshaltung von Eltern erfüllen (bei Junioren)
- Rücksicht auf Sport- und Privatleben der Spieler nehmen

Vielfach ist Ihr Fingerspitzengefühl gefragt, um alle Herausforderungen meistern zu können. Bauen Sie sich ein leistungsfähiges Trainer- und Betreuerteam auf, damit Sie nicht mit allen Aufgaben allein auf weiter Flur stehen, denn das wird Ihnen im Laufe der Zeit Lust und Motivation am Trainerjob nehmen. Die wenigsten Trainer haben das Glück, in einem Leistungszentrum arbeiten zu dürfen, wo alles perfekt organisiert ist. Achten Sie darauf, dass alle Mitglieder des Trainer-/Betreuerstabes gleichermaßen von den Spielern respektiert werden, damit die Team-Atmosphäre nicht vergiftet wird.

Kleine Erfolge = Große Erfolge

„Versuche nicht, ein erfolgreicher, sondern ein wertvoller Mensch zu sein"

(Albert Einstein)

Ihre Tätigkeit ist mit viel Arbeit und Verantwortung verbunden. Unabhängig davon kennt jeder Trainer das Gefühl von Spaß, Freude und Ausgleich, den man durch seinen Job erfährt. Der verdiente Lohn dafür ist der Erfolg. Der Erfolg definiert sich nicht nur durch den großen Wurf, wie etwa den Gewinn der Meisterschaft. Auch kleine Meilensteine sind als Erfolg zu werten. In unserer Leistungsgesellschaft wird uns oft auferlegt, was als Erfolg zu werten ist. Oft haben kleine Erfolge große Wirkung für die Zukunft. Anbei einige kleine Beispiele, die Ihnen helfen sollen, sich an die kleinen Freuden des Erfolgs zu erinnern:

- Ein eher untalentierter Spieler schießt ein Tor
- Ihr Team erhält große Fanunterstützung bei einem wichtigen Spiel
- Das Team erhält Unterstützung durch einen neuen Sponsor
- Ein Hallenturnier wird gewonnen
- Man gewinnt ein Derby
- Die Mannschaft unternimmt eine Reise
- Ein Spieler kehrt nach langer Verletzung zurück
- Ihr Team erhält eine Fair-Play-Auszeichnung
- Kein Spieler verlässt den Verein; Neuzugänge bieten sich selbstständig an
- Ein eher leistungsschwacher Spieler nutzt seine Einsatzzeit effektiv

Trainer-Typen

Als erfahrene Sportler haben wir im Laufe der Jahre alle unsere Erfahrungen mit verschiedenen Trainern gemacht. An dieser Stelle habe ich eine kleine Aufgabe für Sie: Zählen Sie die Anzahl der Trainer von Beginn Ihrer Sportlerkarriere und nennen Sie diese mit Vor- und Zunamen. Sie können die Namen auch aufschreiben. Können Sie sich noch tatsächlich an alle erinnern?

Mit Blick zurück erinnern Sie sich sicherlich in erster Linie an die besonders guten Trainer – und an die besonders schlechten Trainer. Es liegt in der Natur des Menschen, Schwarz-Weiß zu denken. Besonders einprägsam sind die schönen und die weniger schönen, vielleicht sogar dramatischen Erlebnisse im Leben. Bitte seien Sie sich dessen in Ihrem Handeln immer wieder bewusst. Es ist Ihre große Chance, ein positiver Teil des Lebens Ihrer Sportler zu sein.

„In dem Maß, in dem man Freude spendet, empfängt man Freude"

(Ladislaus Boros)

Ich unterscheide zwischen vier verschiedenen Trainer-Typen, auf die ich im Folgenden eingehen möchte. Ziel des Ganzen ist es, dass Sie die vier verschiedenen Trainer-Typen kennenlernen, sich selbst einzuordnen wissen, Ihre Lehren daraus ziehen und gegebenenfalls Änderungen bei sich selbst herbeiführen. Zusätzlich sollen Sie sich über die Wirkung Ihrer Handlungskompetenz bewusst werden, welche ich als Bewertungskriterium in den Ausprägungen Fachkompetenz, soziale Kompetenz und Selbstkompetenz nutze und Ihnen vorab kurz, prägnant und umgangssprachlich erklären werde.

Handlungskompetenz

Handlungskompetenz wird verstanden als die Bereitschaft und Befähigung des Einzelnen, sich im beruflichen, gesellschaftlichen und privaten Situationen sachgerecht durchdacht sowie individuell und sozial verantwortlich zu verhalten. [1]

Die Kompetenzen Fachkompetenz, Soziale Kompetenz und Selbstkompetenz (mit ihren immanenten Bestandteilen Methodenkompetenz, kommunikative Kompetenz und Lernkompetenz) bilden die Handlungskompetenz.

Selbstkompetenz

Selbstkompetenz ist die Bereitschaft und Fähigkeit selbstständig und verantwortlich zu handeln, Reflexionsfähigkeit des Handelns anderer und einer selbst sowie die Weiterentwicklung der eigenen Handlungsfähigkeit. Hierzu zählen beispielsweise die Selbstmotivation und –organisation, Zeitmanagement oder Flexibilität.

[1] Kultusministerkonferenz, 23. September 2011

Fachkompetenz (Hard Skills)

Hierunter versteht man die Fähigkeit, fachspezifische Aufgaben und Sachverhalte, den Anforderungen entsprechend, selbstständig und eigenverantwortlich zu bewältigen. Die Basis für diese Fertigkeiten und Kenntnisse bilden in der Regel Erfahrungen, in Verbindung mit dem Verständnis fachspezifischer Fragen und Zusammenhänge sowie der Fähigkeit, diese Probleme zielgerecht zu lösen. Um es einfach auszudrücken, muss der Trainer über das nötige Fachwissen seiner Sportart verfügen, genauso wie man beispielsweise von einem Elektriker erwartet, dass er eine Lampe anschließen kann oder ein Bäcker Brot backen kann.

Soziale Kompetenz (Soft Skills)

Unter Sozialkompetenz versteht man Kenntnisse und Fähigkeiten, die jemanden in Beziehungen zu Menschen situationsadäquat handeln lassen. Diese dienen der Kooperation sowie der Verknüpfung der eigenen Handlungsziele mit den Werten und Einstellungen einer Gruppe. Die soziale Kompetenz umfasst verschiedene Spektren im Umgang mit sich selbst und anderen. Hierzu zählen unter anderem die Führungsfähigkeit, Kommunikationsfähigkeit, Teamfähigkeit und Überzeugungsfähigkeit.

Interkulturelle Kompetenz

Diese Kompetenz ist den neumodernen Kompetenzen zuzuordnen. Die Welt wächst immer mehr zusammen. In Zeiten, in denen sich Millionen Menschen auf der Flucht befinden, gewinnt die interkulturelle Kompetenz immer mehr an Wichtigkeit. Sport verbindet Menschen. Eine altbekannte Floskel, die nicht mehr als die Wahrheit aussagt. Sport spricht viele Sprachen. In keinem Lebensbereich kann Integration schneller gelingen als im Vereinsleben und in kaum einem Lebensbereich kommen derart viele Kulturen friedlich zusammen, wie im Sport – denn Sport verbindet. Als Trainer müssen Sie ebenfalls diese Kompetenz mitbringen – und an sich arbeiten, falls Sie noch Handlungsbedarf bei sich selbst erkennen. Dies erreichen Sie, in dem Sie andere Kulturen verstehen. Dafür müssen Sie sich mit Menschen und ihren unterschiedlichen ethischen, kulturellen und religiösen Hintergründen auseinandersetzen und die Bereitschaft zur Reflexion zeigen. Zudem sollten Sie Offenheit zeigen, wenn Sie mit fremdartigen und unbekannten Verhaltensweisen konfrontiert werden. Nur wer Interesse zeigt und offen für Neues ist, kann unvoreingenommen damit umgehen. Genau diese Offenheit ermöglicht es Ihnen, sich auf das neue Umfeld einzulassen und dazuzulernen. Während die interkulturelle Kompetenz lange Zeit vor allem von den Trainern in Stadtmannschaften eingefordert wurde, den Ballungsräumen, in denen die meisten Menschen mit Migrationshintergrund leben, sorgt insbesondere die Zuwanderungswelle dafür, dass diese Kompetenz auch von den Trainern der Dorfmannschaften eingefordert wird – Tendenz steigend.

Nach Abschluss des kleinen Exkurses, welcher zugegeben vielleicht etwas trocken, jedoch wichtig für das Verständnis des folgenden Abschnittes ist, widmen wir uns nun meinen vier verschiedenen Trainer-Typen (Anm. d. Verf.: Ironische Elemente inbegriffen).

„Die hübsche Blondine" (Trainer-Typ 1)

Eine alltägliche Situation: Es ist ein schöner Sommertag. Sie (ein Mann) schlendern durch die Altstadt während Ihres Einkaufsbummels und erblicken plötzlich eine attraktive Blondine. Für die Frauen unter uns Lesern, spielen wir die gleiche Szene mit einem gut gebauten, muskulösen Mann. Sie ereilen beim äußeren Anblick dieser Person eine Vielzahl positiver Gefühle. Dabei bewerten Sie primär nur Ihre offensichtlichen, nämlich Ihre äußerlichen Attribute. Was ist aber mit dem Blick hinter die Kulissen, dem Blick auf den Charakter?

Somit kommen wir zum ersten Trainer-Typ: Guter Trainer – schlechter Mensch
(Anm. d. Verf.: Der Begriff „schlechter Mensch" umschließt in diesem Beispiel lediglich Schwächen/Mängel in der Sozialkompetenz und ist nicht als Pauschalverurteilung auf andere Lebensbereiche zu sehen)

Ein Trainer-Typ, wie Sie Ihn schon einmal kennen gelernt haben? Sicherlich ist genau dieser Trainer-Typ in Ihrer Auflistung vertreten. Er ist ein hervorragender Fachmann, kennt sich in seinem Fachgebiet bestens aus, hat sämtliche Aus- und Fortbildungen besucht, viele Titel gewonnen und hat wahrscheinlich eine nicht allzu lange Amtszeit innegehabt. Wie kommt es dazu? Schauen wir uns diesen Trainer etwas genauer an.

Diese Art von Trainer steht fachlich nicht zur Debatte, versagt aber (in Gänze) auf der menschlichen Linie. Folge dessen ist, dass es ihm nicht gelingt, der Mannschaft sein kompetentes Fachwissen zu vermitteln. Er tritt seiner Mannschaft gegenüber autoritär auf, möchte die maximale Einflussnahme auf alle Belange innerhalb der Mannschaft, am besten sogar innerhalb des ganzen Vereins. Er lässt keine Mitbestimmung der eigenen Spieler zu und will zu jederzeit die Kontrolle haben. Nicht selten sind Konflikte mit Vorstand, Zuschauern, Schiedsrichtern und auch den eigenen oder gegnerischen Spielern. Dieser Trainer ist der Rohrspatz am Spielfeldrand, der laut schreiend und wild gestikulierend seine Spieler anweist. Der Schwerpunkt liegt dabei selbstverständlich auf dem Negativen, getreu dem Motto: „Kein Anschiss ist auch ein Lob."

Der Begriff „Fair Play" scheint ein Fremdwort für ihn zu sein. Zur positiven Selbstdarstellung dieses Übungsleiters gehört es, dass er sich als vielzitierten „harten Hund" verkauft. Dieser Charaktertyp ist im Fußball weit verbreitet. Er ist der perfekte Feuerwehrmann, um das Team vor dem Abstieg zu retten, auch um ein Team neu aufzubauen oder ein kurzfristiges Projekt zu führen, wie zum Beispiel den direkten (Wieder-) Aufstieg. Es kann aber auch passieren, dass genau dieser Trainer unmittelbar nach der Meisterschaft entlassen wird.

Von besonderer Bedeutung, vor allem im Amateurfußball, ist es, dass Sie ein guter Mensch sind. Ihre Spieler wollen nicht dauerhaft kritisiert werden - schon gar nicht laut. Bitte seien Sie sich dessen bewusst: In der heutigen Zeit ist der „Rohrspatz" unbeliebt. Ihre Spieler, die Zuschauer im Stadion, die Eltern am Spielfeldrand – sie alle reagieren genervt, wenn Sie dauerhaft negativ-emotional auftreten. Die einzigen Menschen, die diese Trainer-Typen, wenn überhaupt noch hinter sich haben, sind die ziemlich alten Herren auf den Zuschauerbänken, die das extrovertierte Auftreten schätzen – aber diese Generation mit ihrer Ansicht von Menschenführung ist längst überholt. Der Thematik „Menschenführung" werden wir uns in aller Ausführlichkeit im weiteren Verlauf des Buches widmen. Dieser Art von Trainer gelingt es, durch autoritäres Auftreten schnellstens den Respekt der Spieler zu erlangen. Jedoch müssen Sie bedenken, dass dieser nicht von Dauer ist. Ihre Methoden verbrauchen sich zu schnell. Das bemerken diese Trainer-Typen oft zuerst an sich selbst.

Nutzen Sie Ihr hochwertiges Fachwissen und geben Sie es an möglichst viele Spieler weiter. Dazu müssen Sie aber zwingend notwendig Ihre Spieler erreichen.

Schenken Sie Ihren Spielern nicht das nötige Vertrauen, die menschliche Wärme und eine entsprechende Wertschätzung, sind Sie es bald, der seinen Spind räumen muss, denn Sie haben den Grenzpunkt auf der Waage überschritten.

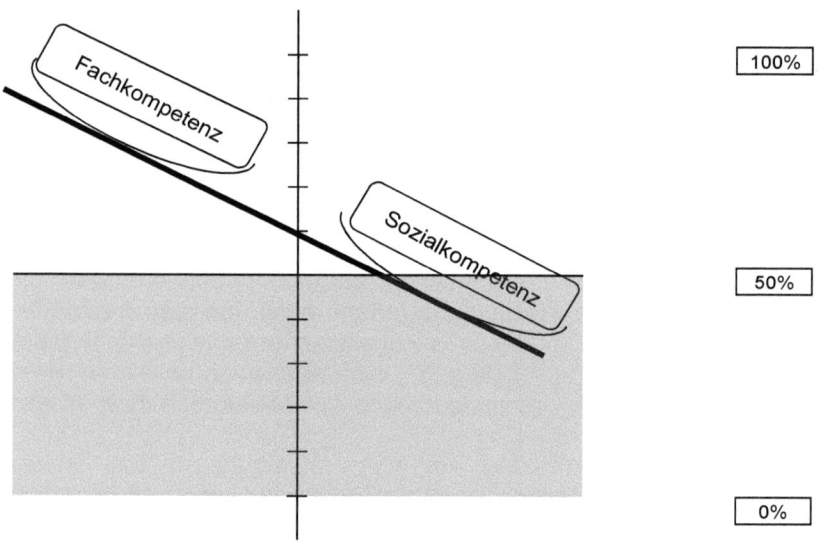

Abb.2 Guter Trainer – schlechter Mensch

Die Waage zeigt auf der linken Seite die Fachkompetenz. Hier wird das fachliche Wissen des Trainers, über die jeweilige Sportart, bewertet. In der rechten Waagschale wird die Sozialkompetenz des Trainers bewertet, welche unter anderem den menschlichen Umgang, Kommunikationsfähigkeit, Teamfähigkeit, Wertschätzung und Verständnis beinhaltet, aufgewogen. In meinem Buch spreche ich von einem „schlechten Menschen". Das meine ich nur im übertragenden Sinne und soll sich bei Ihnen als Begriff einprägen. Prinzipiell definiere ich dieses „schlecht" als eine Schwäche dieses

Trainer-Typs. Ab einem Wert von unter 50% wird die Kompetenz, in Bezug auf die Fähigkeit und damit verbundene Interaktion auf das Team, als kritisch (hier dunkel dargestellt) gesehen. Zu erkennen ist, dass umso höher ein Grad an Fachkompetenz aufgewertet wird, eine mangelnde Fähigkeit an Sozialkompetenz „überspielt" werden kann, ohne in den „roten Bereich" zu rutschen. Ein fachlich guter Trainer, mit menschlichen Schwächen, muss also zum Ziel haben, ein geballtes Fachwissen aufzuweisen, um bei seinem Team ein positives Standing zu erhalten.

Exkurs: Menschenführung früher und heute

Passend zum Typ „Guter Trainer – schlechter Mensch" ist dieser Exkurs, der Ihnen Hintergrundwissen vermitteln soll. In der Vergangenheit – und damit meine ich nicht zwangsweise die „dunkle Vergangenheit" - war der vorherrschende Führungsstil der autoritäre. In der Vergangenheit gab es einen absoluten Boss (Trainer), der das Sagen hatte. Ihm hatten alle (Spieler) zu folgen, er gab die Richtung (Trainingsinhalte, Saisonziele, Neuverpflichtungen, Abgänge etc.) vor. Heute geht die Führungskultur den Weg hin zum demokratischen Führungsstil. Teamwork ist gefragt. Jeder will als Teil des Teams zur Arbeit beitragen, mitbestimmen und seine Interessen und Ziele einfließen lassen. Sie müssen sich bewusst sein, dass die Wahrnehmung von Autoritäten eine andere ist als früher. Während Autoritäten früher nie zur Debatte standen, die Meinung stets akzeptiert wurde, geht heute der Trend oft dazu, aufmüpfig gegenüber Autoritäten zu sein.

Beispiel

<u>Früher</u>

Trainer: Als nächstes stehen Steigerungsläufe an.
Team: Jawohl.

<u>Heute</u>

Trainer: Als nächstes stehen Steigerungsläufe an.
Team: - Warum das denn?
         - Der hat keine Ahnung vom Training!
         - Auf welchem Lehrgang wurde dem das denn beigebracht?

- So ein Training bringt uns überhaupt nichts!
- Noch einmal so ein Training und ich wechsele den Verein!
- Ich hatte heute doch schon in der Schule Sport!
- Ich muss mich erstmal dehnen (bis die Konditionseinheit beendet ist - zum Trainingsspiel bin ich wieder fit)

Autoritäten werden heutzutage nicht mehr so akzeptiert, wie es früher einmal war. Sicher habe ich die Situation hier etwas übertrieben dargestellt. Sie sollte nur lediglich der Veranschaulichung dieses Wandels dienen. Überhaupt habe ich „die hübsche Blondine" in diesem Beispiel ziemlich überspitzt dargestellt. Versuchen Sie immer die Waage im Gleichgewicht zu halten, wenn Sie Ihr Team bewusst autoritär führen möchten. Denken Sie aber jederzeit daran, dass Ihr wichtigstes Gut die Spieler Ihres Teams sind. Zugleich sind Ihre Spieler das mächtigste Organ, denn in Wirklichkeit haben sie deutlich mehr Macht und Einfluss als der Trainer. Welcher Verein hat jemals eine ganze Mannschaft entlassen und zeitgleich den Trainer im Amt belassen?
Sie sind der Meinung, dass Sie diesen Trainer-Typ verkörpern? Don't worry. Ihr Typ ist überall gefragt, bis in den Profifußball. Schalten Sie emotional runter. Es reicht auch mal 50 km/h zu fahren, anstatt 180 km/h. Lassen Sie positive Emotionen zu. Haben Ihre Spieler eine komplexe Übung im Training mit Bravour gemeistert, dann loben Sie Ihr Team. Hat Ihr Team ein wichtiges Meisterschaftsspiel gewonnen, dann sagen Sie Ihrem Team, dass Sie wahnsinnig stolz sind. Sollten Sie ein wichtiges Spiel verlieren, dann bauen Sie Ihr Team emotional auf, motivieren Ihr Team und versuchen, das Positive aus der Niederlage zu gewinnen, um direkt am darauffolgenden Training den Fokus auf neue Ziele zu legen.
Versuchen Sie jederzeit positive Gefühle bei Ihren Spielern zu erzeugen. Suchen Sie das Gespräch mit Ihren Spielern auf eigene Initiative. Bauen Sie unglückliche und unzufriedene Spieler auf und begründen Sie Ihnen, warum sie trotzdem wertvoll für das Team sind. Für den Fall, dass Sie besonders wütend, vielleicht sogar verletzt sind, schweigen Sie vorerst. Damit zeigen Sie eine Art von Stärke und müssen sich im Nachhinein für kein gesprochenes Wort entschuldigen oder rechtfertigen. Wenn ich Ihnen einen weiteren entscheidenden Tipp für Ihr (Trainer-)Leben bei Unzufriedenheit geben darf: Schlafen Sie eine Nacht darüber. Legen Sie sich passende Worte zurecht und sprechen Sie erst beim nächsten Training/Meeting mit Ihrem Team konstruktiv über das Geschehene.

Geben Sie – als der autoritäre Trainer – auf sachliche Art und Weise die Grenzen vor und treten dabei ruhig und besonnen auf. Ruhige Führung bedeutet Stärke. Wer ruhig und überlegt handelt, Vertrauen zu seinen Spielern aufbaut und besonnen Entscheidungen trifft, sein Überzeugungskraft einsetzt und seine Arbeit professionell angeht, der verströmt von Natur aus Autorität. In einem intakten Team sollte ohnehin klar sein, wer das Sagen hat, aber diese Einsicht sollte das Ergebnis aus Respekt und Vertrauen sein - und nicht aus Angst.

An dieser Stelle möchte ich nochmals darauf hinweisen, dass man keinen Trainer-Typen als „den besten, den richtigen Trainer-Typ" bewerten kann. Dies ist immer von dem jeweiligen Team, dem Trainer, dem Verein und der jeweiligen Situation abgängig. Meistens werden Sie eine Mischform der Trainer-Typen vorfinden. Das ein oder andere Mal werden Sie vielleicht auch nur eine Rolle „spielen", um für sich und die Mannschaft, in der jeweiligen Situation, das Maximum zu erreichen.

Der Kumpel-Typ (Trainer-Typ 2)

Kommen wir zum zweiten Trainer-Typ: Schlechter Trainer – guter Mensch

Wie Sie anhand des Namens schon vermuten können, legen wir bei diesem Typ das Augenmerk auf die soziale Komponente. Als Kumpel-Typ verbinden Ihre Spieler Sie mit jeder Menge positiver Emotionen. Als Trainer sind Sie menschlich „Mitten im Team". Man freut sich, wenn Sie das Stadiongelände betreten, Sie bekommen ein paar lustige, ironische Sprüche Ihrer Mannschaft zugerufen, haben selbst auch ein paar passende Retourkutschen auf Lager, sind der ideale Event-Manager für den nächsten Mannschaftsabend und sorgen für genug Getränke in der 3. Halbzeit. Einer Sache können Sie sich sicher sein: Sie sind der absolute Teamplayer. Ihre Mannschaft verfügt wahrscheinlich über eine tolle Kameradschaft und lebt vom Teamgeist. Herzlichen Glückwunsch! Sie sind ein ganzer-halber Trainer. Werfen wir einen Blick auf die Fachkompetenz.
Eigentlich scheint alles perfekt. Als guter Mensch wird Ihre Mannschaft Sie nie als „einen schlechten Trainer" kritisieren. Schließlich verhalten Sie sich immer korrekt und sind stets beliebt. Wie sieht es aber mit einer Ihrer Kernkompetenzen aus, die Spieler

auszubilden? Leider wird dieser Trainer-Typ an dieser Stelle oft sehr schwach auf der Brust. Konnte dieser Übungsleiter doch durch sein stets korrektes Verhalten – trotz absoluter Planlosigkeit – immer über seine Schwächen hinwegtäuschen. Es wäre jammerschade diesen Trainer-Typ zu entlassen, erfüllt er doch die besten Voraussetzungen für ein langes Engagement als Trainer.

Im Gegensatz zur „hübschen Blondine", ist dem Kumpel-Typ schneller und einfacher zu helfen. Wenn Sie sich in der Rolle des Kumpel-Typs wiederfinden, dann arbeiten Sie an Ihren fachlichen Defiziten. Es ist noch nicht zu spät und mit ein bisschen Fleiß und Eifer, werden Sie vielleicht eines Tages der dienstälteste Trainer Ihres ruhmreichen Vereins sein. Um sich Wissen anzueignen oder Ihr Wissen zu erweitern, besuchen Sie Aus- und Fortbildungen. Sprechen Sie Ihren Vorstand gezielt auf einen möglichen Zuschuss für die Lehrgänge an und begründen Sie die Notwendigkeit, verbunden mit dem Nutzen.

Des Weiteren können Sie sich Fachliteratur zulegen. Es gibt zahlreiche Fachzeitschriften, die Sie abonnieren können oder Bücher, die Sie sich kaufen können. Für die neue Generation sind die meisten Bücher auch als E-Book erhältlich. Selbstverständlich gibt es auch gute DVDs zu allen möglichen Themen, das Internet, Videos auf Internetplattformen. By the way: Auch bei Trainer-Lehrgängen zum Lizenzerwerb werden Lehrvideos gezeigt. Kein Trainer muss das Rad zwangsweise neu erfinden. Sie müssen sich aber bewusst sein, dass alle Quellen eins gemeinsam haben: Sie kosten Geld und Sie benötigen Zeit, damit Ihnen das Neuerlernte in Fleisch und Blut übergeht. Spielen Sie das Mäuschen. Besuchen Sie Trainingseinheiten anderer Vereine als Zuschauer. Analysieren Sie dabei die Trainingsübungen, das Auftreten des Trainers mit Körpersprache und Ansprache an die Mannschaft, den materiellen Aufbau und die materielle Ausstattung. Gleiches gilt für das Beobachten von Pflichtspielen. Hierzu eignen sich insbesondere Spiele von höherklassigen Mannschaften. Sollten Sie lehrreiche Schlüsse aus Ihrer Trainingsbeobachtung gezogen haben, folgt jetzt ein Geheimtipp: Versuchen Sie einen Trainer-Praktikant zu werden.

Scheuen Sie sich nicht davor, sich nach einer temporären Praktikantenstelle als Coach zu erkunden. Sie werden erstaunt sein, wie viele Trainer-Kollegen Ihnen dieses Praktikum ermöglichen. Fragen Sie einfach, ob Sie temporär ‚als aktiver Trainer-Zuschauer, am Trainingsbetrieb teilnehmen können. Fragen kostet schließlich nichts. Sollte dies nicht möglich sein, erkundigen Sie sich über die

Möglichkeit eines späteren Zeitpunktes. Eine weitere Möglichkeit der Aus- und Weiterbildung ist das Gespräch mit Trainern. Auch hier können Sie viel lernen. Sollte Ihnen die nötige Zeit fehlen oder Sie sind ein zurückhaltender Mensch? Nutzen Sie die Diskussionsforen im Internet.

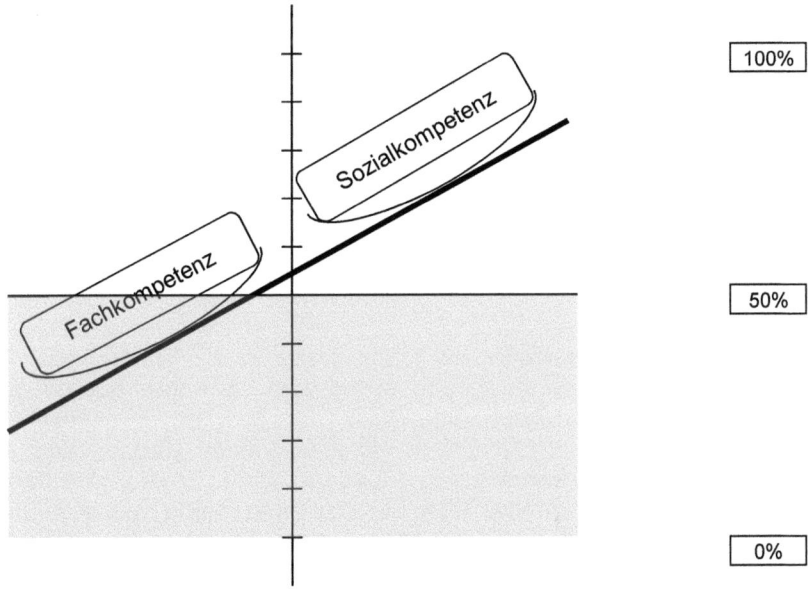

Abb. 3 Schlechter Trainer – guter Mensch

Das prägende Merkmal des Kumpel-Typs ist die soziale Kompetenz. Eine positiv ausgeprägte soziale Kompetenz erlaubt es diesem Trainer-Typen, dass über fachliche Schwächen hinweggesehen wird. Das gute Standing des Teams bleibt erhalten, solange er einen hohen Grad an sozialer Kompetenz aufweist.

Der Super-Coach (Trainer-Typ 3)

An dieser Stelle kommen wir zum Wunsch-Trainer eines jeden Vereins:
Guter Trainer – guter Mensch

Jeder Verein, der sich um einen neuen Trainer ernsthaft bemüht, ist auf der Suche nach einem solchen Trainer. Dieser Trainer besticht durch sein Fachwissen, welches er stetig erweitert und verfeinert. Er verschließt sich nicht vor Neuem, ist im fachlichen detailverliebt und selten zufriedenzustellen, weil er sich ständig verbessern will, ist in der Lage, durch konstant forderndes und förderliches Training, seine Spieler zu formen und zu verbessern.
Der Super-Coach ist stets gut informiert über den Gegner, kennt seine Stärken und Schwächen des Teams und kann im Gegenzug die eigenen Stärken zu seinen Gunsten und gegen den Gegner ausspielen oder die eigenen Schwächen durch eine gezielte Spieltaktik überdecken.
Diesem Trainer gelingt es oft, bestimmte Spielsituationen vorherzusehen. Der Super-Coach ist in jedem Fall immer gut auf das Training oder das Spiel eingestellt. Er bewahrt in kritischen Situationen die Ruhe. Der Trainer fürchtet keinen Gegner, weil er seine Mannschaft sowie auch den Gegner kennt. Er ist in der Lage eine kurze, aber informative Mannschaftsbesprechung zu halten und sein Team bestens auf das Spiel einzustellen. Der „Super-Coach" wählt geschickt die passende Taktik zum Spiel, setzt alle Spieler auf der effektivsten Position ein und ist in der Lage in verschiedenen Spielsituationen seine Mannschaft umzustellen. Sei es beispielsweise durch Änderung des Spielsystems, Umstellungen der Spieler auf andere Positionen oder das Einbringen positiver Impulse, durch das Einwechseln neuer Spieler. Zusätzlich verfügt dieser Trainer-Typ über eine ausgeprägte Sozialkompetenz. Er respektiert seine Spieler, kennt menschliche Stärken und Schwächen seiner Spieler, hat stets ein offenes Ohr bei Fragen und Problemen, sucht permanent die Kommunikation mit Team, Verein, Zuschauern und Eltern. Er ist kritikfähig (sofern die Kritik angemessen ist), gibt seinen Spielern stets ein stichhaltiges Feedback ihrer Leistung und lässt ebenso das Feedback seiner Mannschaft ihm gegenüber (inklusive Verbesserungsvorschläge!) zu. Auf und außerhalb des Platzes tritt er als Vorbild auf, sodass Kinder, wie auch Erwachsene, mit Respekt zu ihm aufschauen. „Super-

Coach" fördert den Zusammenhalt des Teams und hilft entsprechende, indem er Teambuilding–Maßnahmen (mit-) organisiert – und daran teilnimmt.

Ferner reagiert er mit Rücksichtnahme und Verständnis gegenüber seinen Sportlern, spricht mit ihnen über sportliche oder private Angelegenheiten und dient als wichtige Bezugsperson der Spieler, auch außerhalb des Sportplatzes. Nicht zuletzt gelingt es diesem Trainer, die schwierige Herausforderung zu meistern, einen guten Draht zu den Spielern zu haben und dabei seine Autorität zu wahren.

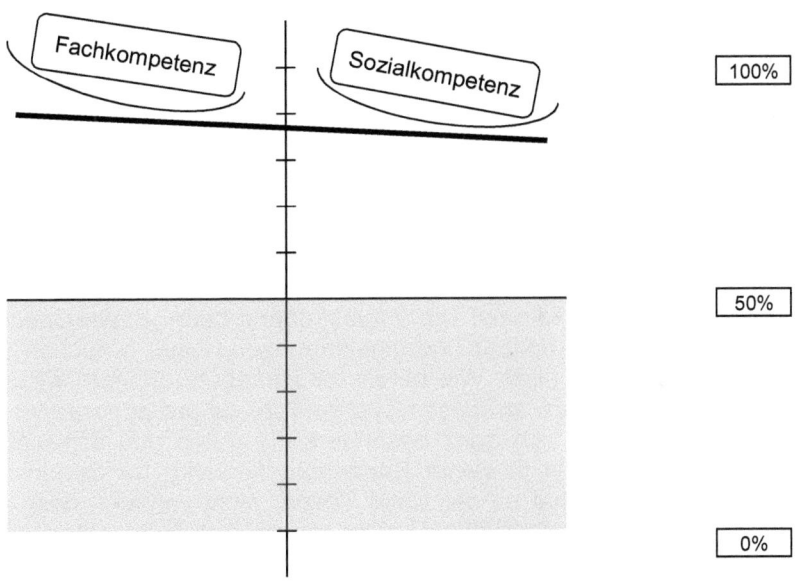

Abb. 4 Guter Trainer – guter Mensch

Dieser Trainer besticht fachlich, wie menschlich. Aus diesem Grund ist die Waagschale generell hoch angesetzt. Ich bin mir sicher, dass genau dieser Trainer in Ihrem persönlichen Ranking, welches Sie oben auflisten sollten, Ihnen als erstes in den Sinn gekommen ist – und das zurecht.

Der Super-Coach verfügt über eine starke Fach- und Sozialkompetenz. Folglich erzielen seine Sportler über einen hohen Lernerfolg, entwickeln sich sportlich wie auch menschlich weiter. Meist verfügen seine Teams über eine gute Kameradschaft, über ein stabiles Umfeld und haben Spaß an ihrem Sport. Ein Erfolg, über kurz- oder mittelfristig, ist wahrscheinlich.

Der Erfolg eines Trainers sollte nicht ausschließlich an den Ergebnissen gemessen werden. Von entscheidender Relevanz ist auch, dass das Team sportlich gefordert, gefördert und weiterentwickelt und vom Trainer motiviert wird und Spaß am Sport hat.

Der Unter-Trainer (Trainer-Typ 4)

In aller Kürze widmen wir uns nun dem vierten und letzten Trainer-Typ:
Schlechter Trainer – schlechter Mensch

Ihn beleuchten wir nur oberflächlich. Wenn wir über viele Jahre im Mannschaftssport aktiv waren, haben wir bereits jeden dieser vier Trainer-Typen „genießen" dürfen. Während „Die hübsche Blondine" und der „Kumpel-Typ" (selbstredend beim „Super-Coach") für ein Team noch haltbar und gewinnbringend sind, brauchen wir diesen Trainer-Typ nicht. Wie bereits beschrieben, erinnern wir uns aber ganz besonders an diesen Trainer-Typ, da der schwarz-weiß-denkende Mensch sich ganz besonders die guten und schlechten Ereignisse im Leben in seiner Erinnerung bewahrt. Im Gegensatz zum Super-Coach hat es der Unter-Trainer nicht verdient, dass wir uns an ihn erinnern. Schließlich haben wir von ihm wenig gelernt und er hat uns weder anerkannt, noch respektiert. Als Konsequenz daraus haben auch wir diesen Trainer nicht akzeptiert und respektiert.

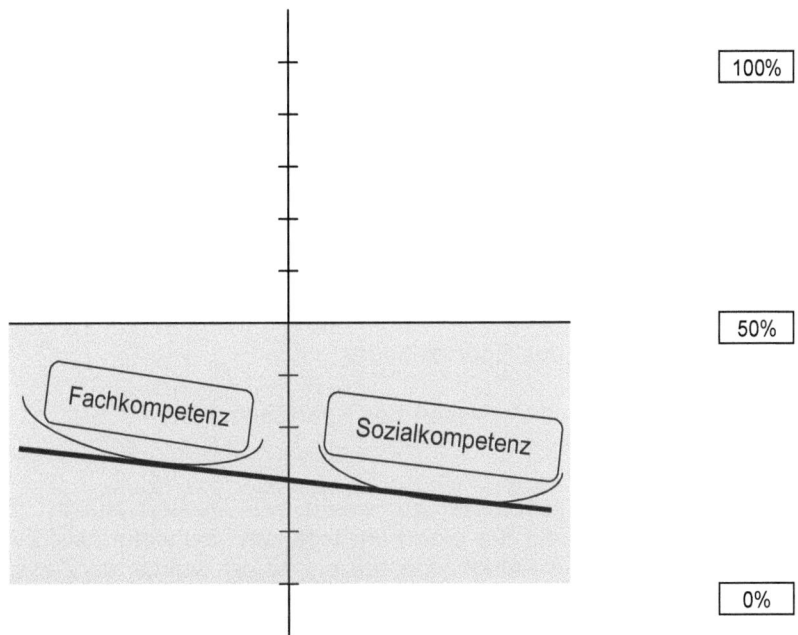

Abb. 5 Schlechter Trainer – schlechter Mensch

Dieser Trainer verfügt weder über fundierte Fach-, noch Sozialkompetenz. Seine Fähigkeiten reichen schlicht nicht aus, um ein Trainer zu sein. Setzen, 6! Arbeitet dieser Trainer-Typ nicht an mindestens einer seiner Kompetenzen, dann ist der Konflikt mit der Mannschaft vorprogrammiert und das Ende der Amtszeit droht unausweichlich.

Führungsstile

Der Begriff „Führen"

Das „Führen" im Sport definiert sich über das Einflussnehmen des Trainers auf die einzelnen Spieler und die gesamte Mannschaft. Die Art und Weise, wie Sie leiten, wie Sie das Verhalten Ihrer Spieler

steuern und wie Sie Verhaltensänderungen Ihrer Spieler hervorrufen können, bringe ich Ihnen anhand der Führungsstile näher.
Als Trainer müssen Sie sich bewusst sein, dass Sie immer und jederzeit führen:

Das „Wann?" und „Wo?" der Führung:
- im Trainingsbetrieb, d.h.
  - vor,
  - während und
  - nach dem
  Training
- im Spielbetrieb, d.h.
  - vor, (mit Betreten des Sportgeländes)
  - während,
  - nach dem Spiel (mit Verlassen des Sportgeländes)
- in der Freizeit

Führen bedeutet, Ressourcen zu einem einheitlichen Nutzen zu formen. Als Trainer sind Sie eine Führungskraft. Sie wirken auf Ihre Spieler ein, um deren Fähigkeiten auf ein selbst definiertes Ziel zu richten. Menschen führen heißt aber auch, Verantwortung zu übernehmen – für andere und sich selbst. Deshalb steht die Interaktion mit Menschen, die die wertvollste Ressource jedes Sportvereins darstellt, im Zentrum Ihrer Führungstätigkeit.

<u>Ziele der Mannschaftsführung</u>

Die Ziele eines Trainers sind von Mensch zu Mensch verschieden. Im Leistungssport sind sportliche Erfolge unabdingbar. Bei ausbleibendem sportlichem Erfolg zieht der Verein meist die Konsequenzen und der Trainer muss seinen Spind räumen. Im Amateurbereich, gerade aber im Jugendbereich, empfehle ich Ihnen den primären Fokus auf die Freude und das Interesse Ihrer Sportler zu legen. Setzen Sie sich dabei als Team gemeinsame Ziele (dies kann natürlich durchaus auch die Meisterschaft sein, aber auch ein Klassenerhalt kann ein erstrebenswertes Ziel sein).
Als engagierter Trainer ist ein weiteres Ziel, jeden Spieler zu seiner persönlichen Höchstleistung zu führen. Dies wirkt sich am Ende auf die gesamte Mannschaft aus, denn die Leistung Ihres Teams ist die Summe der Einzelleistung Ihrer Spieler – aller Spieler, also auch der vermeintlich schwächeren Spieler.

Der Begriff „Führungsstil"

Unter „Führungsstil" versteht man die Form der Menschenführung, die von einem Trainer ausgeübt wird, um ein bestimmtes, auf das sportliche Ziel gerichtetes Verhalten, der Spieler zu erreichen. Führungsstile sind Verhaltensmodelle eines Trainers in Wort und Tat. Hierbei geht es nicht darum, wie sich der Trainer selbst sieht, sondern wie er von anderen Personen, primär seinen Sportlern, wahrgenommen wird. Dabei wird die Art des Führungsstiles vom persönlichen Natural des Trainers geprägt.
In diesem Kapitel werde ich Ihnen verschiedene Führungsstile vorstellen. Als Trainer haben Sie hierbei die Möglichkeit der Selbstreflexion Ihres eigenen Führungsstiles. Es soll aber auch Ihren Blick schärfen, wie Sie von Ihren Sportlern gesehen werden und sich der Vor- und Nachteile bewusst werden. Nicht selten hat man als Trainer eine völlig andere Selbstwahrnehmung.
Die Sportler unter den Lesern haben in diesem Kapitel die Möglichkeit, den Führungsstil ihres Trainers zu bewerten, sich aber auch bewusst zu werden, welchen Einfluss und welches Mitspracherecht Sie innerhalb des Mannschaftsgefüges haben. Schließlich haben wir gelernt, dass zu einem TEAM alle Mitglieder gehören – Trainer, Co-Trainer, Torwarttrainer, Spieler, Betreuer, Physiotherapeuten et cetera.

Die klassischen Führungsstile

Es gibt unzählige Formen von Führungsstilen. Legen wir zuerst den Fokus auf die traditionellen, die so genannten „klassischen" Führungsstile nach Kurt Lewin (1890-1947). Dabei möchte ich nach dem Grundsatz „asap – as short as possible" vorgehen. Sicherlich gibt es grandiose wissenschaftliche Studien, die ganze Bücher füllen. Damit Sie aber den größtmöglichen Profit aus dem Ganzen ziehen können, gehe ich nur auf Grundsätzliches ein – selbstverständlich mit dem unmittelbaren Bezug zum Mannschaftssport.

Abb. 6 Klassische Führungsstile

Autoritäre Führung

Beim autoritären Führungsstil legt der Trainer alle Richtlinien fest. Es folgt eine klare Trennung: Der Trainer entscheidet – die Spieler führen aus. Das hat zur Folge, dass es zur Erreichung eines Ziels nur einen Weg gibt – den des Trainers. Bei diesem Führungsstil ordnet der Trainer an, wer mit wem zusammenarbeitet. Auf der sozialen Ebene herrscht ein kühles Verhältnis, da der Trainer ein distanziertes Verhältnis zur Mannschaft pflegt. Durch die Distanz zum Team, lässt der Trainer gegenüber den Spielern seine vermeintliche „Überlegenheit" spüren. Die Bedürfnisse und Interessen der Mannschaft spielen eine untergeordnete (teils auch keine) Rolle.

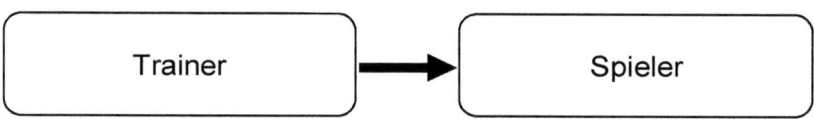

Abb. 7 Autoritärer Führungsstil

Kooperative Führung

Während beim autoritären Führungsstil dem Spieler kein Mitspracherecht eingeräumt wird, werden die Spieler beim kooperativen Führungsstil in den Entscheidungsprozess einbezogen. Richtlinien werden nach offener Diskussion und Anhörung der Mannschaft festgelegt. Die Spieler haben also ein aktives

Mitspracherecht. Zwischen Trainer und Mannschaft findet ein reger Meinungsaustausch statt. Trainer und Spieler geben sich gegenseitiges Feedback. Auf menschlicher Ebene findet eine gegenseitige Akzeptanz und Wertschätzung statt.

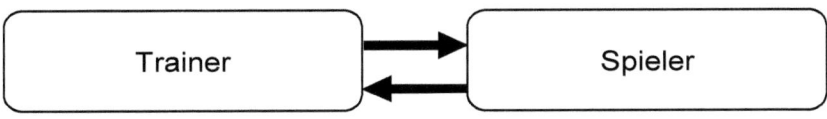

Abb. 8 Kooperativer Führungsstil

Laissez-faire-Führung

Der Begriff kommt aus dem Französischen und bedeutet umgangssprachlich „einfach laufen lassen". Dieser Führungsstil unterscheidet sich grundlegend vom autoritären Führungsstil, da der Trainer auf den Führungsanspruch verzichtet. Die gesamte Entscheidungsfreiheit wird auf die Mannschaft übertragen und ein Eingreifen des Trainers findet nur statt, wenn dies dem Wunsch der Mannschaft entspricht.

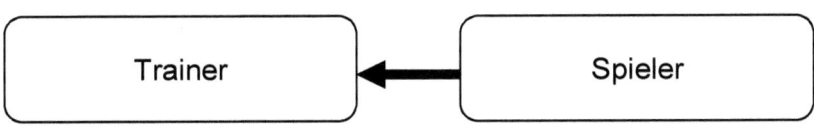

Abb, 9 Laissez-faire-Führungsstil

Die Vor- und Nachteile der klassischen Führungsstile

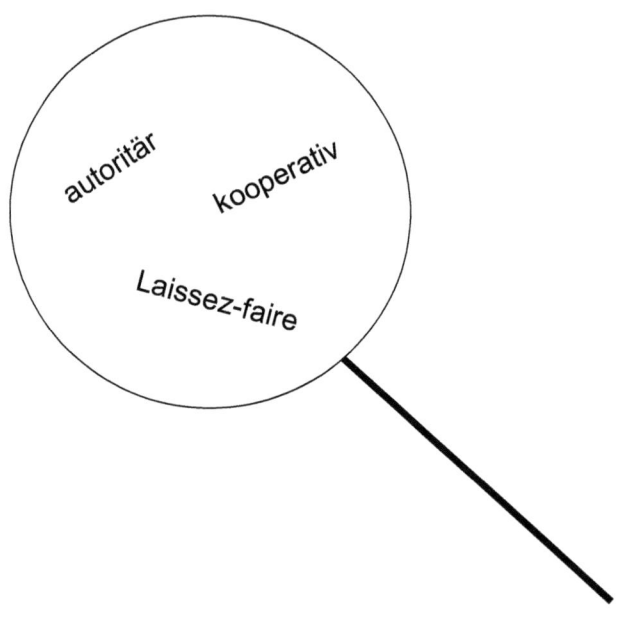

Abb. 10 Die Führungsstile unter der Lupe

Im Folgenden möchte ich Ihnen einige Vor- und Nachteile der klassischen Führungsstile nennen. Ich bitte zu beachten, dass ich an dieser Stelle nur elementare Aspekte des Für und Wider anspreche. Es gibt unzählige Vor- und Nachteile, die aber auf jeden Trainer-Typ sowie jede Mannschaft individuell zu bewerten sind. Als Leser können Sie die Stile individuell für sich bewerten und daraus Ihre Schlüsse für sich selbst ziehen.

Der autoritäre Führungsstil

Vorteile
- klare Verantwortlichkeiten - feste Regeln - schnelle Handlungsfähigkeit - schnelle Entscheidungsfindung - hohe Leistungsquantität - schnelles Erreichen eines Lernzieles (fachliche Kompetenz vorausgesetzt)
Nachteile
- geringer Zusammenhalt der Teammitglieder - mangelnde Eigeninitiative - Mangelförderung des Mitdenkens u. der Kreativität - Förderung von egoistischem Verhalten seitens der Spieler - Gefahr der Demotivation der Spieler - schnellere Überforderung des Trainers (als alleiniger Entscheider; Folge: erhöhtes Fehlerpotenzial, falsche Einschätzungen) - Trainer „verbraucht" sich schneller - mögliche Stagnation der Leistungsqualität - erhöhte Gefahr einer Trotzreaktion aus dem Kreise der Spieler

Der kooperative Führungsstil

Vorteile

- hohe Motivation der Spieler
- Wertschätzung, da Ideen und Vorschläge ernst genommen werden
- Entlastung des Trainers
- mögliche Delegation von Aufgaben
- Verantwortungen werden geteilt
- guter Zusammenhalt im Team
- große Wertschätzung jedes Teammitgliedes
- Förderung der Selbstständigkeit u. Kreativität
- Förderung der Kommunikationsfähigkeit
- hohe, nachhaltige Leistungsqualität

Nachteile

- erhöhter Zeitaufwand bei Erreichen sportlicher Lernziele
- weniger Leistungsquantität
- notwendige Entscheidungen können sich in die Länge ziehen

Der Laissez-faire-Führungsstil

Vorteile

- hohe Motivation der Spieler, aufgrund von Selbstbestimmung
- Spieler können ihre Stärken gezielt einbringen
- Förderung der Kreativität

Nachteile

- nicht jeder Spieler kann mit hohem Maß an Freiheit umgehen
- mögliche Schwächen bei Disziplin u. Respekt
- schnelle Desorientierung, da keine ordnende Hand zugegen ist
- mangelnder Zusammenhalt innerhalb des Teams
- geringe Übereinstimmung von Ziel u. Zielerreichung
- langwieriger Entscheidungsprozess

Der richtige Führungsstil für Sie

Vielleicht fragen Sie sich jetzt, welcher der klassischen Führungsstile für Sie empfehlenswert ist. Ich kann Ihnen nur soviel sagen: DEN richtigen Führungsstil gibt es nicht. Es gibt kein Pauschalrezept, welches sich ohne Weiteres auf Ihre Mannschaft übertragen lässt. Im Sport, insbesondere Mannschaftssport, finden in der Regel Mischformen dieser klassischen Führungsstile statt. Der zu praktizierende Führungsstil ist abhängig von verschiedenen Faktoren. Es existiert keine Check-Liste, die man abarbeitet, um am Ende zum Entschluss zu kommen, dass man ein guter Coach ist - oder nicht. Genau das ist aber das Schöne an Menschenführung. Sicher gibt es eine Struktur, die hilft, sich zu orientieren, aber es ist immer noch ausreichend Freiraum, seine eigenen Einflüsse einzuarbeiten.

In meinen einleitenden Worten bezeichnete ich die klassischen Führungsstile als „traditionelle Führungsstile". Es gibt diverse aktuellere Theorien zu Führungsstilen, welche sich mit den Gegebenheiten der Moderne beschäftigen und dementsprechend angepasst wurden. Möglicherweise wissen Sie in diesem Moment noch nicht genau, welchen der klassischen Führungsstile sie ausüben. Vermutlich befinden Sie sich vom eigenen Gefühl – auch mit dem Wissen, dass eine Mischform meist vorherrschend ist – zwischen zwei Führungsstilen. Ihre Selbsteinschätzung sagt Ihnen, dass Sie sich zwischen dem autoritärem und dem kooperativem Führungsstil bewegen. Mithilfe der bereits erwähnten „Kontinuum-Theorie", möchte ich Ihnen eine weitere Theorie näherbringen und Ihnen helfen, sich besser „einordnen" zu können. Die Ziele, besser gesagt die Hilfe, die Ihnen diese Theorie sein soll, ist deckungsgleich mit den Zielen der klassischen Führungsstile – kurz, präzise, mit dem größtmöglichen Profit / Erkenntnissen für Sie und ohne Doktorarbeit.

Die Kontinuum-Theorie

Die Kontinuum-Theorie bezieht sich auf das von Tannenbaum/Schmidt - im Jahre 1958 entwickelte - Führungskontinuum. Dieses Führungsmodell besteht aus einer siebenstufigen Typologie, mithilfe der Partizipation (syn. Beteiligung, Teilhabe, Mitbestimmung) in Entscheidungssituationen. In dieser Theorie finden Sie auch zwei der klassischen Führungsstile (nach Lewin) wieder, den autoritären und den kooperativen Führungsstil. Im Mannschaftssport werden wir dauerhaft mit Entscheidungssituationen konfrontiert. Mithilfe dieser Theorie, welche sich mit Entscheidungsspielräumen beschäftigt, möchte ich Ihnen das Verhältnis zwischen Trainer und Athlet näherbringen. Im Folgenden sehen Sie eine zweidimensionale Skala. Die eine Skala zeigt das Ausmaß der Anwendung von Autorität des Trainers, die andere Seite bewertet die Entscheidungsfreiheit der Spieler.

Die Kontinuum-Theorie[2] beinhaltet sieben Säulen. Von links beginnend, steht der Entscheidungsspielraum des Trainers an erster Stelle, während der Entscheidungsspielraum der Sportler gering bis gar nicht vorhanden ist. Je mehr sich die Achse nach rechts verschiebt, desto mehr Entscheidungsspielraum gewinnen die Sportler, während der Trainer diesen Spielraum einbüßt, um ihn an seine Spieler zu übertragen. Als Trainer in der heutigen Zeit muss man Kompromisse machen, aber nicht, wenn es um die eigenen Überzeugungen geht. Steuern Sie deshalb ganz bewusst, wieviel Kompromissbereitschaft Sie zulassen können, um Ihre Überzeugungen einbringen zu können.

---

[2] Tannenbaum/Schmidt: How must to choose a leadership pattern, in: Harvard Business Review, 1958, S. 58

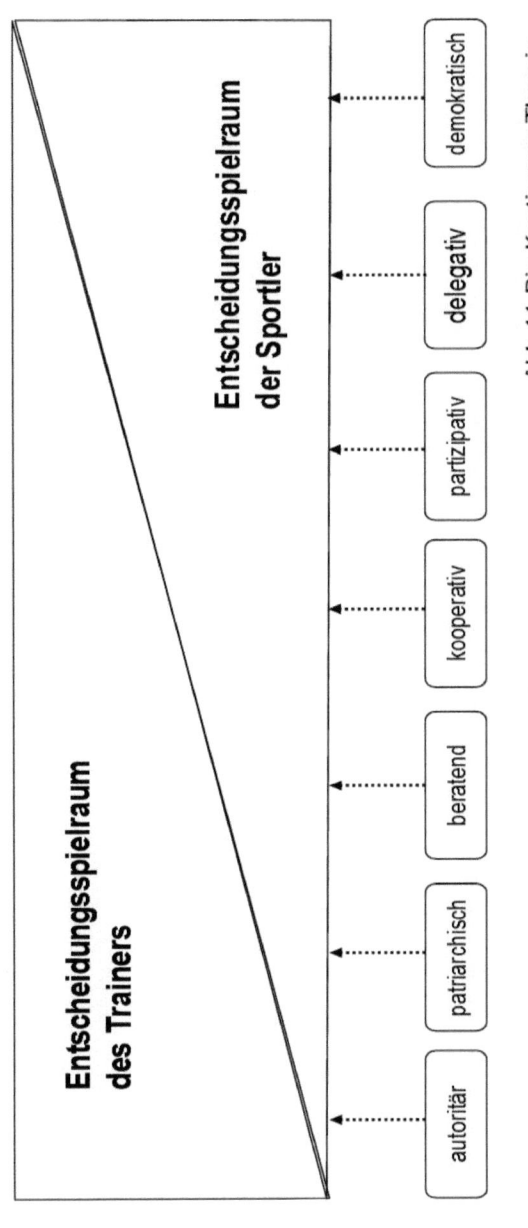

Abb.11 Die Kontinuum-Theorie

Als Trainer durch die Saison

Nachdem wir uns in den vergangenen Kapiteln dem Trainerleben in der Theorie gewidmet haben und die verschiedenen Trainer-Typen beleuchtet haben, werfen wir in den folgenden Kapiteln das Scheinwerferlicht auf die Praxis. Machen wir eine fiktive Reise durch die Saison und an verschiedenen Stationen halt. Ich möchte die Gelegenheit vorab jedoch noch einmal nutzen, zu erwähnen, dass es sich hierbei immer um gut gemeinte Tipps für Sie und Ihre Tätigkeit als Trainer handelt. Ich habe die Weisheit nicht mit Löffeln gefressen und viele der folgenden Aspekte erscheinen Ihnen vielleicht als selbstverständlich. Bitte berücksichtigen Sie, dass dieses Buch eine weitgefächerte Zielgruppe, vom Anfänger bis zum alten Hasen, erreichen soll.
Aus diesem Grund stellen wir im Folgenden zwei verschiedene Szenarien dar.
Zu Beginn unserer Reise durch die Saison starten wir mit dem Kapitel „Der Startschuss", in dem Sie von Ihrem Verein - als neuer Trainer - eingestellt wurden. Im folgenden Beispiel bekommen Sie zum ersten Mal Ihr Team zu Gesicht. Damit simulieren wir die Situation, dass Sie entweder ein Trainer-Neuling sind oder als erfahrener Trainer eine neue Mannschaft übernehmen.

Szenario 1 - Sie sind „Der Neue"

Die persönliche Vorstellung

Nachdem Sie Ihr Team begrüßt haben, stellen Sie sich zunächst einmal vor. Erzählen Sie in aller Kürze etwas über Ihr Privatleben und Ihren Beruf. Sie trainieren eine Sportmannschaft. Deswegen erzählen Sie auch primär etwas zu Ihrem sportlichen Lebenslauf. Ihre Spieler werden interessiert zuhören, sofern Sie noch nicht mit Ihnen bekannt sein sollten. Diese Vorstellung sollte allerdings kurzgehalten werden und nur, für die Zusammenarbeit wesentliche Aspekte, enthalten. Erschlagen Sie Ihre Spieler nicht mit Informationen, denn dann schwängt der positive Eindruck schnell in einen negativen Eindruck um. Haben Sie im Hinterkopf, dass die

Konzentrationsfähigkeit der Spieler, egal, ob jung oder alt, bereits nach wenigen Minuten wieder nachlässt. Dieses Bewusstsein ist später ebenso wichtig, wenn Sie eine Spielbesprechung oder –analyse machen.

Sprechen Sie dabei laut und deutlich, indem Sie stehen und dabei eine aufrechte Körperhaltung einnehmen. Sie sind ein toller Typ, also verzichten Sie auf die Schneckenhaus-Taktik und breiten Ihr Kreuz aus. Ihr Gesicht sollte Zuversicht ausdrücken und Ihre Worte sollen die Spieler mitreißen. Das macht einen guten Eindruck und der erste Eindruck ist enorm wichtig. Legen Sie sich deshalb schon vor Trainingsbeginn ein paar Worte zurecht. Im Anschluss ermöglichen Sie jedem Spieler, sich selbst vorzustellen. Teilen Sie Ihren Spielern vorab mit, was Sie von Ihnen wissen möchten. Die Punkte können Sie an die Taktiktafel schreiben, um Ihren Spielern eine kleine Hilfestellung zu geben. Zeigen Sie sich stets interessiert und stellen gegebenenfalls Rückfragen. Damit zeigen Sie Interesse und Wertschätzung Ihren Spielern gegenüber. Sie können Ihren Spielern auch einen Spielerfragebogen mitgeben, in dem Sie weitere Informationen über Sie erfragen und sich beim nächsten Training zukommen lassen. Dieser Fragebogen sollte jedoch nur eine Ergänzung zum persönlichen Gespräch sein. Das persönliche Gespräch ist für die Kommunikation zwischen Trainer und Athleten unermesslich - von Anfang an. Gemäß des Falles, Sie sind Trainer einer Jugendmannschaft, empfehle ich Ihnen entweder die Vorstellung im Rahmen eines „Elternabendes", also in Anwesenheit der Sportler und deren Eltern oder einen Brief an die Eltern, indem Sie sich ebenfalls kurz vorstellen und auf wichtige organisatorische Punkte hinweisen. Als kleine Hilfestellung können Sie folgenden Musterbrief als Anhalt nutzen, der sich im nachfolgenden Beispiel auf eine Jugendmannschaft bezieht, in der die Eltern für gewöhnlich eingebunden werden, bevor die heranwachsenden Teenies ihren Eltern die rote Karte zeigen und sie vom Sportgelände verbannen.

Liebe Eltern,

die Sommerferien neigen sich dem Ende entgegen und die neue Saison steht vor der Tür. Wie Sie sicherlich bereits vernommen haben, werde ich ab der kommenden Saison als Trainer für Ihre Kinder zuständig sein. Ich möchte diesen Brief nutzen, um mich kurz vorzustellen. Mein Name ist Tobias Mann, ich bin [XX[Jahre alt, wohne in [Musterhausen], bin [verheiratet] und habe [XX] Kinder (alternativ kann auch der Beruf genannt werden). Ich verfüge über jahrelange Erfahrungen im Trainerbereich und freue mich auf die neue Herausforderung. Um Ihren Kindern den größtmöglichen Spaß am [Fußball] ermöglichen zu können, bin ich jedoch auf Ihre Mithilfe angewiesen. So werden zu jedem Spiel zu den Auswärtsfahrten Fahrer gesucht, damit alle Spieler zum jeweiligen Spielort gefahren werden können. Einen Spielplan werde ich Ihren Kindern zeitnah aushändigen, damit Sie die nötige Planungssicherheit haben. Mir ist bewusst, dass außerhalb des Sports noch viele andere Aktivitäten auf der Tagesordnung stehen, bitte Sie jedoch darum, Ihrem Kind möglichst oft zu ermöglichen, zum Training / Spiel zu kommen. [Fußball] ist schließlich ein Mannschaftssport und lebt von der Gemeinschaft. Sollte ein Termin einmal nicht gehalten werden, so bitte ich um rechtzeitige Absage.

Als feste Trainingstermine in der folgenden Saison sind festgelegt:
- [Dienstag], um [17.00 Uhr] in [Musterhausen]
- [Donnerstag], um [17.00 Uhr] in [Musterhausen]
Die Punktspiele finden üblicherweise samstags statt.

Ebenso freue ich mich über jeden Zuschauer bei unseren Spielen, egal ob Elternteil, Geschwister, Großeltern oder Freunde. Bitte sehen Sie den [Fußball] nicht als „Abladestation" für Ihre Kinder, sondern verbringen Sie aktiv, mit Ihrem Kind, Ihre Freizeit. Ich freue mich über jeden Zuschauer.

Für weitere Fragen stehe ich Ihnen gerne unter der Nummer [0170-1234567] zur Verfügung.

Mit sportlichem Gruß

[Unterschrift handschriftlich]

So oder so ähnlich könnten Sie den Brief an die Eltern gestalten. Ich bin überzeugt, dass ein solcher Brief ganz hervorragend bei den Eltern ankommt. Insbesondere im Kindesalter müssen Sie einen guten Kontakt zu den Eltern pflegen. Ab dem Teenager-Alter verlieren die Eltern an Einfluss. Nutzen Sie diese Chance, denn im älteren Jugend- oder späteren Herrenbereich wird Ihnen organisatorisch nicht mehr derart viel Bereitschaft zur Mithilfe angeboten.

Das erste Date

Nun ist es soweit. Der Zeitpunkt ist gekommen, den Sie wochenlang geplant haben und dem Sie so sehr entgegengesehnt haben. Es folgt die erste Trainingseinheit. Vielleicht sind Sie auch etwas aufgeregt. Keine Panik. Das ist normal. Sie haben das erste Aufeinandertreffen in Gedanken mehrfach durchgespielt und sind gut vorbereitet. Wie beim ersten Date mit einer Dame, müssen Sie aber bereits von der ersten Minute an abliefern. Höchstleistung ist gefragt, denn der erste Eindruck zählt. Eine gute Nachricht: Während das Misslingen eines ersten Dates mit einer Dame wahrscheinlich zu keinem zweiten Date führt, werden Sie im Falle des Misslingens Ihres ersten Dates mit Ihrem neuen Team, sicherlich trotzdem weitere Dates bekommen. Der Vergleich sollte nur im übertragenden Sinne die Wichtigkeit der Situation projizieren.

Das erste Training beginnt mit einigen Selbstverständlichkeiten. Natürlich sind Sie der erste Mensch auf dem Trainingsgelände. Sie begrüßen jeden eintreffenden Spieler freundlich mit Handschlag, nachdem Sie sich vorab schon in Ihren feinen Trainingszwirn geschmissen haben. Während Ihre Spieler den Star-Status einnehmen, indem Sie sich in der Kabine das Trikot Ihres Idols überziehen und noch einmal vorm Training, speziell für Sie, mit einer Extra-Tube Haargel schick machen, beginnen Sie mit dem materiellen Aufbau Ihrer Trainingseinheit. Da heute ein ganz besonderer Tag ist und Sie sich von Ihrer besten Seite zeigen wollen, haben Sie Ihren Liebsten schicke „Blumen", in Form von einer vielfältigen Auswahl an Trainingsmaterial mitgebracht, mit dem Sie Ihre Spieler gleich zu beeindrucken wissen. Der materiellen Ausstattung eines Trainers widmen wir uns noch ganz ausführlich.

Als die Spieler aus der Kabine kommen, werden Sie gleich durch Ihren großartigen Platzbau beeindruckt. Hier haben Sie gleich das erste Mal bei Ihren Spielern gepunktet. Während die Spieler auf dem Weg zu Ihnen sind, haben Sie es bereits geschafft, bei ihnen völlige Verwirrung zu stiften, denn Sie haben keine Ahnung, was sie erwartet. Eine tolle Situation für Sie als Trainer, denn von nun an sind die Spieler komplett auf Sie angewiesen. Sie müssen die Sportler nun an die Hand nehmen und durch die Trainingseinheit führen. Sie können sich der vollen Aufmerksamkeit bewusst sein. Zuerst versammelt sich das Team im lockeren Halbkreis und Sie berichten über die Schwerpunkte des anstehenden Trainings. Gern können Sie auch einen lockeren Spruch parat haben. Humor kommt immer gut an und lockert zudem die Stimmung. Schnell hat man Sie als coolen Typen abgestempelt. Eine gute Ausgangslage, die man, mit einer guten Trainingseinheit, manifestieren kann. Mit warmen Worten begrüßen Sie Ihre Spieler und nutzen von nun an Ihr wichtigstes Führungsmittel, Ihre Stimme. Ihre Ansprachen werden von nun an eine wichtige Rolle spielen. Sprechen Sie für die Spieler - und mit den Spielern.

Beispiel: „Ich begrüße euch zu unserer ersten Trainingseinheit der neuen Saison. Nachdem Ihr euch bereits die letzen Tage intensiv im Freibad auf diesen Tag vorbereitet habt, ist nun euer großer Auftritt gekommen. Von nun an ist es eure Aufgabe, mich zu beeindrucken *[mit einem kleinen Zwinkern]*. Ich bin gespannt, wie sich jeder einzelne von euch individuell vorbereitet hat und freue mich, dass wir von nun an hart für unsere sportlichen Ziele arbeiten werden. Es ist schön, dass es jetzt los geht. Extra für euch habe ich schon beim ersten Training einen Erlebnis-Parcour hergerichtet. An der allgemeinen Verwirrung in euren Gesichtern, kann ich erkennen, dass bereits erster Redebedarf zwischen Spielern und Trainer besteht *[es liegt an Ihnen, die Aussagen durch*

Betonung Ihrer Sprache sowie Mimik und Gestik, humorvoll zu untermalen]. Was haben wir heute vor? Wir starten mit einer lockeren Aufwärmübung am Ball, gehen dann über zum [...]". Hier endet mein Part. Nun beginnt Ihre individuell gestaltete Trainingseinheit.

Suchen Sie sich, für die erste Trainingseinheit, nicht allzu schwere Trainingsübungen aus. Ein reibungsloser Ablauf, ohne Über- oder Unterforderung, erleichtert Ihren Einstieg. Achten Sie darauf, dass Sie sich beim ersten Training mit Tadel noch zurückhalten und in erster Linie loben. Es gilt schließlich Sympathien zu gewinnen. An sportlichen Baustellen kann man noch während der gesamten Vorbereitung arbeiten. Das erste Training sollte idealtypisch mit einem Trainingsspiel abgeschlossen werden. Jeder erfahrene Spieler oder Trainer kennt den Groll der Mannschaft, wenn zum Abschluss eines Trainings einmal das Spiel gecancelt wird. Aus der Nummer müssen Sie erstmal rauskommen. Sie können die beste Trainingseinheit organisiert haben, sind aber am Ende bei Ihren Schützlingen trotzdem der Buhmann, wenn die Spieler unvollendeter Dinge zurück nach Hause fahren. Im Herrenbereich würde somit die Tresengeschichte in der Stadionkneipe ausbleiben, wie Spieler X von Spieler Y mit der Hacke getunnelt wurde und anschließend das erste - und siegbringende Tor des Abends - zum 1:14 erzielte, da das letzte Tor spielentscheidend war. Wollen Sie verantwortlich dafür sein, dass diese Geschichte nicht erzählt wird? Ich denke nicht ;)
Zum Abschluss werden noch einmal alle Spieler zusammengerufen. Treffen Sie sich im lockeren Halbkreis und fassen das Training noch einmal zusammen. Unabhängig davon, wie es gelaufen ist, war für das erste Training „alles super". Kritik, gleich zu Beginn der Saison, ist ein echter Stimmungskiller für den Teamgeist. Was Ihnen besonders gut gefallen hat, können Sie noch einmal gesondert hervorheben. Im Anschluss verweisen Sie auf Ihr nächstes „Date" und bauen gemeinsam mit Ihren Spielern den Trainingsplatz ab. Dabei gilt: „Viele Hände, schnelles Ende." Zu Beginn des Trainings waren Sie ausnahmsweise und einmalig der „Packesel". Von nun an wird das Trainingsmaterial

gemeinschaftlich zum Platz und vom Platz weggetragen. In der Kabine gesellen Sie sich zur Mannschaft und nehmen, als krönenden Abschluss Ihres ersten Trainings, in der Kabine noch ein Getränk zu sich. Da Sie ein echter Gentlemen sind, übernehmen Sie zum Einstand die Rechnung des Dates *[kein Muss, nur ein Vorschlag]* und verlassen glücklich und zufrieden das Sportgelände.

Die folgenden Wochen sind Sie weiterhin „der Neuling". In der Regel werden einem neuen Trainer 100 Tage eingeräumt, sich in seinem neuen Umfeld einzuleben. Während dieser Zeit haben Sie den Status des Greenhorns inne. Nicht selten gelingt es Trainern bereits viel früher, die Herzen Ihrer Spieler zu erreichen. Nutzen Sie die Anfangszeit, um sich bei allen möglichen Personen im Verein vorzustellen. Führen Sie Small-Talk mit dem Vorstand, den Platzwarten, dem Wirt in der Stadion-Gaststätte, den Menschen im Kassenhäuschen, in der Bratwurstbude, den treuen Fans am Spielfeldrand, den Spielerfrauen und mit den anderen Trainerkollegen im Verein. Wie bereits erwähnt, sollten Sie im Jugendfußball unbedingt einen guten Kontakt zu den Eltern pflegen. Bilden Sie sich Ihr Vereins-Netzwerk. Erzählen Sie bei Ihrer Vorstellung nicht nur von sich selbst. Übertriebener Narzissmus kommt selten gut an. Stellen Sie auch den anderen Trainerkollegen ein paar Fragen zu ihrer Mannschaft. Die Netzwerk-Bildung ist wichtig, da Sie als Trainer im Laufe der Zeit jeden brauchen könnten. Die Hilfsbereitschaft Ihnen gegenüber wird umso größer sein, desto besser sich die Parteien kennen und auf der menschlichen Ebene miteinander harmonieren.

In der Zukunft können Sie die Personen dann offen mit Ihren Anliegen konfrontieren und sich deren Hilfe sicher sein. Nehmen Sie außerdem an Trainer-Sitzungen teil, auch, wenn Sie gar nicht als Teilnehmer eingeplant waren. Wenn Sie beispielsweise Trainer einer Herrenmannschaft sind, besuchen Sie die Trainer-Sitzung der Jugendtrainer. Nutzen Sie zu Beginn der Sitzung die Gelegenheit, sich im Personenkreis vorzustellen. Betonen Sie dabei, wie sehr Sie auf die Jugendarbeit im Verein bauen. Versprechen Sie dem Auditorium, sich in Zukunft einige Spiele der älteren Jugendmannschaften anzuschauen und dass Sie jederzeit als Ansprechpartner für Fragen aller Art zur Verfügung stehen. In diesem Moment werden Sie für helle Begeisterung gesorgt haben, da Sie überraschen anwesend waren, sich konstruktiv und lobend über die Jugendarbeit im Verein und somit der anwesenden Trainer geäußert haben und hohe Kameradschaft gezeigt haben, indem Sie sich als Helfer zur Verfügung gestellt haben und in Zukunft interessierter Beobachter der Jugendarbeit sein werden.

An dieser Stelle widmen wir uns dem nächsten Kapitel. Im vergangenen Kapitel haben wir uns in die Situation versetzt, dass Sie zum ersten Mal ein Traineramt übernommen oder als Trainer ein neues Team übernommen haben. Wir haben das Hauptaugemerk dabei auf das erste Aufeinandertreffen - und somit den Start der sozialen Interaktion – gelegt, die persönliche Vorstellung des Trainers erörtert, haben einen gutes erstes Training erlebt und bilden fortan ein vereinsinternes Netzwerk.

- Ende von Szenario 1-

Szenario 2 – Sie sind ein „alter Hase"
(Szenario-Darstellung fortlaufend bis Buchende)

Im nächsten Kapitel versetzen wir uns in eine neue Ausgangslage. Sie befinden sich in der laufenden Saison, genau gesagt in der Rückrunde, kurz nach Ende der Winterpause. Ihre persönliche Tendenz geht dahin, Ihren Vertrag zu verlängern und in der kommenden Saison die Mannschaft weiterhin zu coachen.

Nach der Saison ist vor der Saison

Es ist hinlänglich bekannt, dass spätestens mit Beginn der Rückrunde, parallel die Planungen für die neue Saison beginnen. Sollte man denken. Immer wieder musste die Erfahrung machen, dass Vereine ins Blaue hinein planen. Ein absolutes No-Go. Man stelle sich einmal vor, ein Unternehmen teilt seinen Mitarbeitern auf deren Nachfrage mit, dass es noch keine genaue Planung für das neue Kalenderjahr gäbe. „Es werde schon irgendwie weiterlaufen." Macht der Gewohnheit! Der junge aufstrebende Geschäftsmann, mit dem Ziel des maximalen beruflichen Erfolgs und dem Wunsch nach Selbstverwirklichung, wird bei solch einer Aussage unmittelbar das Weite suchen. Genauso ergeht es Vereinen mit ihren Spielern.

Wird kein schlüssiges Konzept vorgelegt, ist der Verein den Spielern gegenüber nicht aussagefähig oder gar gesprächsbereit. Dann heißt es bald Abstiegskampf, statt Aufstiegskampf. Selten sind es allerdings die Trainer, die in den Tag hinein leben, ohne sich Gedanken um die Zukunft, die neue Saison, zu machen. Vielmehr sind es die Verantwortlichen des Vereins, die den Sinn der Zeit noch nicht verstanden haben und denen erst mit der Saison-Abschlussfeier bewusst wird, dass eine neue Saison bevorsteht. Dies ist aber der größte Fehler, den ein Verein machen kann. Die Erfahrung zeigt, dass dies nicht ausschließlich bei unterklassigen Vereinen der Fall ist, sondern ebenso bei höherklassigen Vereinen. Oft sind es überragende Leistungen in Planung und Organisation eines einzelnen Akteurs, die einen ganzen Verein vor dem Abgrund retten. Es sind gutherzige Menschen, die Tag und Nacht in die Zukunftsplanungen stecken, obwohl das Verteilen auf mehrere Schultern dringend notwendig wäre.

Die Konkurrenz schläft nicht. Planen Sie nicht rechtzeitig, bekommen Sie keine Neuzugänge, die ihr Team qualitativ und quantitativ aufwerten. Im schlimmsten Fall werden Ihnen die Spieler vor der Nase wegtransferiert. Steigen wir auf? Steigen wir ab? Müssen wir damit rechnen, eine Relegation zu spielen? Gibt es Zu- oder Abgänge von externen Vereinen? Rücken Jugendspieler des eigenen Vereins in den Kader? Welches Budget wird in der kommenden Saison zur Verfügung stehen? Wie hoch ist der Spieleretat? Wird das Trainer-/Betreuerteam verändert oder verstärkt? Wird das Team mit neuem Trainingsmaterial, Trikots oder Trainingsanzügen ausgestattet? Viele Fragen, die sich aufwerfen. Auf diese Fragen wollen die Sportler entsprechende Antworten hören. Es ist Ihr gutes Recht.

Die Spieler wollen Planungssicherheit haben. Erste Anlaufstation für offene Fragen sind zumeist die Trainer, obwohl die eigentliche Zuständigkeit beim sportlichen Leiter liegt. Dabei gilt es zu bedenken, dass auch der Trainer, als Angestellter des Vereins, auf die Entscheidungen der Vereinsverantwortlichen angewiesen ist. Deshalb müssen Sie bezüglich der oben aufgeführten Fragen, die nur ein Beispiel darstellen und unendlich erweitert werden könnten, den ständigen Austausch mit dem Vorstand suchen. Im Normalfall werden Sie bei allen Planungen für die neue Saison einbezogen oder haben gar die Entscheidungsgewalt. Sie müssen sich als Bindeglied zwischen Verein und Mannschaft sehen. Ihre Eigeninitiative ist gefordert, aber animieren Sie auch immer wieder den Vorstand, aktiv mitzuwirken. Nur allzu gerne versteckt sich ein Vorstand hinter einem starken Trainer und vernachlässigt seine ureigenste Aufgabe, um dann am Ende trotzdem triumphierend auf dem Meisterschaftsfoto - für die Öffentlichkeit - zu posieren.

Im Gegenzug dazu sind es aber leider genau die Personen, denen es immer wieder gelingt, im entscheidenden Moment die Früchte des starken Trainers zu ernten, obwohl sie im Verein sonst nur Unruhe stiften und lediglich das für Trainer und Spieler so gefürchtete „Management by crocodile" betreiben: „Auftauchen, Maul aufreißen, abtauchen", um das mal ganz umgangssprachlich und mit einem kleinen Augenzwinkern zu formulieren. Am Ende bleibt die Arbeit oft bei Ihnen hängen. Höherklassige Mannschaften verfügen meist über einen Teammanager, der diesen Job in Federführung übernimmt. Ein Segen für einen Trainer, denn er kann sich voll und ganz um das kümmern, wofür er eingestellt wurde. Unabhängig von der Vereinsorganisation und Ihrer Rolle als Trainer, werden wir die einzelnen Aufgaben, welche anfallen, einmal sezieren und erörtern.

Die Teamsitzung

Spätestens nach Beginn der Rückrunde sollten alle Planungen für die neue Saison auf Hochtouren laufen. Idealtypisch wurde sich bereits in der Winterpause, die lang genug andauert, damit beschäftigt. Zeit genug dafür ist währenddessen allemal. Teilnehmer an der Sitzung sind alle Spieler, alle Mitglieder des Trainer- und Betreuerstabes sowie alle Vorstandsmitglieder. Es ist überaus wichtig, zu reden. Ein ständiger Austausch fördert nicht nur den Informationsfluss, sondern beugt auch Gerüchten und Unruhen vor. Während dieser Besprechung sollten alle möglichen Fragen für die neue Saison geklärt werden. Kurze Begrüßung durch den Vorstand, dabei Reflexion der derzeitigen Situation, kurzfristiger Ausblick, bis zum Ende der Saison, sportliche Ziele nah und fern, sportliches Konzept, Budget, potentielle Neuzugänge, Abgänge, Neuanschaffungen. Als Vorstandsmitglied sollte man zu all diesen Fragen eine Antwort wissen oder schnellst möglich und unaufgefordert, die Antwort zu späterem Zeitpunkt nachreichen. Als Trainer werden Sie bei der Besprechung erst einen passiven Part haben, können aber auch schnell in den Mittelpunkt rücken. Es empfiehlt sich, vor der eigentlichen Teamsitzung, einige relevante Punkte bereits mit dem Vorstand abgesprochen zu haben. Das beugt Unstimmigkeiten vor, für den Fall, dass Sie eine Frage gestellt bekommen und von Ihnen eine Antwort verlangt wird, beispielsweise zum Budget. Ich empfehle - im Zweifelsfall - auf den Vorstand zu verweisen. Denken Sie daran: Auch Sie sind auf Entscheidungen anderer Personen angewiesen.

Vorrangiges Ziel, neben dem Informationsfluss ist es, die vorhandenen Spieler zu halten. Deshalb sollten alle Spieler zu ihrer persönlichen Meinung und Plänen befragt werden, Möglichkeiten der Verbesserung und auch Kritik äußern dürfen. Es ist davon auszugehen, dass auch der Trainer über seine Zukunft befragt wird. Deshalb sollten auch Sie eine geschickte und zufriedenstellende Antwort parat haben. Zum Ende der Besprechung sollte jedem Beteiligten noch einmal die Möglichkeit eingeräumt werden, etwas zu sagen. Als Abschluss der Besprechung wird ein Resümee gezogen und auf eine weitere Teamsitzung zum Ende der Saison verwiesen. Dazu wird bereits ein etwaiger Zeitpunkt genannt, wann dieses Gespräch stattfinden wird.

Das Werben um Neuzugänge

Das Hinzugewinnen von Neuzugängen ist Aufgabe des Teammanagers und auch des Trainers. Als Trainer wissen Sie am besten, welche Baustellen innerhalb der Mannschaft bestehen. Als Coach haben Sie die Aufgabe, jederzeit zu scouten.
Suchen Sie Spieler mit einem großartigen und starken Charakter. Das müssen nicht immer die talentiertesten Spieler sein, aber großartige Individuen, die gewillt sind, Part eines Teams zu sein.
Potentielle Neuzugänge präsentieren sich Ihnen jede Woche, nämlich durch die Beobachtung der gegnerischen Spieler. Ebenso sollten Sie alle möglichen Spielberichte im Internet und in der Zeitung studieren. Man wird automatisch auf den einen oder anderen Spieler aufmerksam. Eine weitere wichtige Quelle sind Ihre eigenen Spieler. Oft sind die Spieler miteinander vernetzt und können Ihnen den Kontakt herstellen. Noch einfacher wird es, wenn die potentiellen Neuzugänge mit Ihren Spielern verwandt, bekannt, befreundet oder Arbeitskollegen sind. Zu guter Letzt sollten Sie auch die Mund-zu-Mund – Propaganda nicht gänzlich außer Betracht lassen. Oft erschließen sich wertvolle Informationsquellen durch einen dezenten Hinweis oder ein loses Gespräch in der Stadionkneipe.

Es ist kein Zeichen von Schwäche, die eigenen Spieler um Mithilfe beim Gewinnen von Neuzugängen, zu bitten. Sie bilden schließlich ein Team, welches zusammenarbeitet. Haben Sie einen geeigneten Kandidaten gefunden, der in Zukunft Teil Ihres Teams sein soll, heißt es schnellstens in Kontakt zu treten. Dazu eignen sich diverse Kommunikationsmedien oder Sie suchen direkt das persönliche Gespräch. Stellen Sie sich kurz vor. Bauen Sie eine Brücke, falls Sie schon einmal in Kontakt getreten sind und bekunden Sie Ihr generelles Interesse, mit dem Wunsch eines persönlichen Gespräches, in nächster Zeit. Sollte der potentielle Neuzugang generell interessiert sein, vereinbaren Sie Zeit und Ort. Ich empfehle, den Spieler entscheiden zu lassen. Das ist einerseits höflicher, andererseits sucht sich der

Spieler einen Ort aus, an dem er gerne ist, was die Basis für eine angenehme Gesprächsatmosphäre bildet.

Zum Treffen erscheinen Sie überpünktlich, denn es macht einen guten Eindruck, vor dem Neuzugang anwesend zu sein. Sie haben schließlich ein Anliegen an den Sportler und nicht umgekehrt. Passabel gekleidet und mit Klickboard bewaffnet, warten Sie am besten direkt vor der Lokalität auf Ihren Gast oder halten sich zumindest nahe der Eingangstür auf. Sie sollten es sein, der den Kandidaten für die neue Saison, in Empfang nimmt und zeigen ihm somit Ihre Höflichkeit. Nachdem sich beide Parteien ein Getränk Ihrer Wahl bestellt haben, eröffnen Sie das Gespräch. Sie erörtern, warum Sie zum Gespräch eingeladen haben und stellen sich kurz persönlich vor. Es empfiehlt sich, über den Gegenüber bereits gut informiert zu sein. Das vermittelt einen guten Eindruck und zeugt von ernsthaftem Interesse. Sie müssen davon ausgehen, dass Ihrem Treffen noch weitere Meetings mit anderen Vereinen vorausgegangen sind oder nachfolgen.

Erkundigen Sie sich im Umfeld des jetzigen Vereins, lesen Sie die Spielberichte der letzten Monate, werten Sie die Statistik des Spielers aus, besuchen Sie sein Profil in einem sozialen Netzwerk. Ihrer Kreativität sind keine Grenzen gesetzt.
Während des Gesprächs stellen Sie ferner Ihren Verein, Ihre Mannschaft, Ihr Sportgelände und alles Weitere vor, was für Ihren Gegenüber interessant ist. Dabei stellen Sie besonders die Vorzüge in den Vordergrund. Etwaige Negativaspekte versuchen Sie geschickt zu verpacken. Machen Sie jedoch keine falschen Versprechungen, für die Sie sich im Nachhinein entschuldigen oder rechtfertigen müssen, denn Sie wollen einen Spieler langfristig verpflichten und nicht bereits nach wenigen Tagen wieder seinen Spind ausräumen sehen. Frage und Antwort müssen Sie zu allen möglichen Aspekten beantworten können. Ich empfehle Ihnen, das Gespräch zu führen, so dass sich viele Fragen durch Ihren Gesprächsleitfaden bereits von allein klären. Führen Sie positive Punkte auf, die dazu geführt haben, dass Sie sich am heutigen Tage treffen:

- Besonders aufmerksam geworden sind wir durch [...]
- Wir sind uns sicher, dass du sportlich, wie auch menschlich, sehr gut in unser Team passt
- Als deine große Stärke sehe ich [...]
- In unserem Team sehe ich dich in erster Linie auf der Position [...], kann mir aber auch vorstellen, dass du [...] spielen kannst *[unbedingt mehrere Positionen angeben]*
- Mein Ziel ist es, dich schnellstens ins Team zu integrieren und dann sportlich nach vorn zu bringen. Du verfügst über großes Talent
- Durch Gespräche mit den Spielern habe ich bereits vernommen, dass sie dich gerne als neues Teammitglied begrüßen würden
- Ein qualifiziertes Trainerteam leitet gemeinschaftlich das Training. Folglich ist gewährleistet, dass sich um jeden Spieler gekümmert wird
- Wie du bestimmt vernehmen konntest, lebt unser Team von der Kameradschaft
- Wir haben die schönste Sportanlage weit und breit
- Uns stehen Rasen-/Hart- und Kunstrasenplätze zur Verfügung. Somit sind wir das gesamte Jahr wetterunabhängig
- Kein anderer Verein kann bei Heimspielen so viele Zuschauer aufweisen
- Der Verein ist bekannt für seine hervorragende Jugendarbeit
- Das Team unternimmt auch außerhalb der Sportanlage viel zusammen
- Der Verein unterstützt die Kameradschaftspflege durch Zuschüsse für Mannschaftsabende und Vereinsfahrten
- Wir nehmen am größten Hallenturnier Deutschlands teil
- Jeder Spieler erhält von uns einen Komplettsatz Vereinsausstattung
- Fahrtkosten und Zugtickets werden erstattet
- Neuzugänge erhalten eine Aufwandsentschädigung von [xxx]
- Die Anreise zu Auswärtsspielen erfolgt per Bus
- Spielerfrauen haben freien Eintritt bei Heimspielen
- ...und viele weitere Punkte, die Sie individuell auflisten können

Anm. d. Verf.: Aufgeführter Ablauf kann auch durch Vereinsmanager wahrgenommen werden, ist aber im unteren Amateurbereich eher untypisch

Zum Abschluss des Gespräches übernehmen Sie die anfallenden Kosten (auf Vereinskosten, versteht sich) und bedanken sich höflich für das angenehme und konstruktive Gespräch. Erstellen Sie sich eine Visitenkarte mit Ihrer Erreichbarkeit und stehen Sie für Rückfragen, im Nachklapp des Treffens, jederzeit zur Verfügung. Treten Sie die nächsten Tage mit dem potentiellen Neuzugang nicht in Kontakt und ermöglichen Sie Überdenkzeit. Sie wollen nicht zu aufdringlich erscheinen. Sollten Sie nach mehr als einer Woche kein positives Feedback erhalten, so suchen Sie erneut das Gespräch. Gemäß dem Fall, dass Ihre Spieler mit dem Neu-Kandidaten bekannt sind, können Sie Ihre Spieler als Späher einsetzen und einfach mal die Tendenz abtasten lassen. Oft dienen Ihre eigenen Spieler als Meinungsverstärker und sind am Ende der Grund, warum sich Spieler für einen Wechsel entscheiden. Schließlich könnte der Trainer jederzeit wechseln. Überall herrscht eine hohe Trainer-Fluktuation. Ein ganzes Team wechselt jedoch nicht allzu schnell.

Am Ende noch ein Hinweis von mir. In dem Moment, in dem Sie mit einem Spieler in Kontakt treten, sollten Sie unbedingt die Frage stellen, ob „generelles Interesse besteht". Im Anschluss ein Treffen zu vereinbaren, erscheint wenig sinnvoll, wenn Ihr gegenüber nicht oder nur „vielleicht interessiert" ist. Die Wahrscheinlichkeit, dass sie sonst einen Vereins-Nomaden verpflichten, der nur auf Ihr Bestes - nämlich auf die Vereinskasse - aus ist und nach einem halben Jahr schon wieder das Weite sucht, ist sonst einfach zu groß. Solche Spieler haben weder im unterklassigen, noch im höherklassigen Sport etwas zu suchen. Sie sind Gift für jeden Verein und man sollte auf die Verpflichtung definitiv verzichten – unabhängig von der sportlichen Qualität.

Über Abgänge

Im Sportalltag ist es gang und gäbe, dass Sportler den Wunsch hegen, sich zu verändern. Sie wollen Ihr Team verlassen. Die Gründe hierfür können vielfältig sein.

Im Umgang mit potentiellen Abgängen müssen Sie höchst sensibel sein.
Potentielle Abgänge lassen sich in verschiedene Kategorien einordnen:
- Definitiv-Abgang
- Vielleicht-Abgang
- Jedes-Jahr-Abgang

Werfen wir nun den Fokus auf die von mir aufgeführten potentiellen Abgänge.

Der Definitiv-Abgang

Hierbei handelt es sich um einen Sportler, der seine Entscheidung bereits getroffen hat – nämlich zu gehen. Reisende soll man nicht aufhalten, besagt ein Sprichwort. Dieses Sprichwort beschreibt die Situation im Sport ziemlich treffend, es sei denn, es handelt sich um einen Jedes-Jahr-Abgänger, welchen wir später beleuchten werden. Die Gründe für den Vereinswechsel können vielfältig sein. Ihre Aufgabe als Trainer ist es jedoch, zu ergründen, warum ein Wechsel weg vom Team bevorsteht. Suchen Sie das Vier-Augen-Gespräch und erfragen die Gründe für den Wechsel und zugleich die Pläne für die Zukunft. Das gebietet die Höflichkeit. Nicht zwangsweise muss der Grund des Abgangs an Ihrer Person liegen. Vielleicht ist der Spieler den sportlichen Leistungsanforderungen nicht mehr gewachsen, möchte bei einem anderen Verein mehr Spielzeit oder möchte sich sportlich weiterentwickeln und zu einem höherklassigen Verein wechseln. Möglicherweise trifft er beim neuen Verein seine Freunde oder einen ehemaligen Trainer an oder verlegt seinen Lebensmittelpunkt aus beruflichen Gründen. Besonders stark ist die Personalfluktuation, wenn Sie einen Kader mit jungem Altersdurchschnitt haben. Ein junger Kader kann ein Segen, aber auch ein Fluch sein. Oft tummeln sich in Mannschaften zahlreiche Talente und trotzdem steht der Verein wenigen Monate später am Abgrund, weil die jungen Spieler, ab vom Wohnort, eine Ausbildung antreten, ein Studium beginnen oder ein Work and Travel – Jahr anstreben. Ebenso ist es möglich, dass Ihre Sportler aus privaten

Gründen verziehen, um bei Ihrem Lebenspartner zu wohnen oder aufgrund von Kindern vorerst ein Sabbatical einlegen.

Bei einigen Spielern besteht einfach nur der Wunsch, etwas anderes zu sehen, um sportliche Erfahrungen zu sammeln. Sie sehen also, die Gründe sind höchst vielfältig und haben allesamt nichts mit Ihrer Person zu tun. Sollten Sie jedoch als springender Punkt für den Abgang genannt werden, so lassen Sie sich die Aspekte plausibel begründen und nehmen im Anschluss Stellung dazu. Konstruktive Kritik kann durchaus hilfreich für Ihren weiteren Werdegang sein.
Ich rate Ihnen dringend dazu, im Guten mit ehemaligen Spielern auseinander zu gehen, sofern diese sich Ihnen gegenüber korrekt verhalten haben. Man kann nie genau sagen, ob Sie nicht vielleicht eines Tages noch einmal zusammenarbeiten werden. Außerdem ist der ehemalige Spieler wichtig für Sie, da er Ihre Visitenkarte durch Mund-zu-Mund-Propaganda in den neuen Verein überträgt. Das hat den Vorteil, dass Sie, als Trainer in dem aufnehmenden Verein Ihres ehemaligen Spielers, gleich einen guten Ruf besitzen und beim Ehemaligen weiterhin ein gutes Standing wahren. Das Trainerleben bei einem einzigen Verein ist meist zeitlich begrenzt und somit öffnet sich in Zukunft vielleicht eine andere Tür für Sie als Coach.

<u>Der Vielleicht-Abgang</u>

Bei diesem Athleten ist die Messe noch nicht gelesen. Sie haben abzuwägen, ob es sich sportlich und menschlich lohnt, um diesen Spieler zu kämpfen. Sollte dies der Fall sein, so suchen Sie auch jetzt das Vier-Augen-Gespräch mit Ihrem Schützling, erforschen Sie die Ursachen seiner Überlegungen und erfragen seine Intentionen. Hören Sie aufmerksam zu und äußern sich ruhig und fair zu seinen Ausführungen. Nennen Sie die Vorzüge des Vereins, der Mannschaft, auch Ihrer Person und verdeutlichen Sie die Rolle des Spielers für das Team. In jedem Fall sollte es dem Spieler ermöglicht werden, sich mit einem anderen Verein zu einem Gespräch zu verabreden. Das ist legitim. Setzen Sie dem Spieler eine Frist, bis zu welchem Zeitpunkt X Sie seine endgültige

Entscheidung erwarten. Schließlich haben auch Sie eventuell eine aufkommende Lücke im Personalkörper zu schließen. Verdeutlichen Sie zum Abschluss, dass Sie sich über eine positive Entscheidung sehr freuen würden. Auch, wenn Sie innerlich aufgewühlt und enttäuscht sind, bleiben Sie ruhig. Der Auslöser für einen Wechsel sollten nicht Ihre Emotionen aus der Situation sein, denn schnell sind Sie es, der dem Verein und der Mannschaft gegenüber der Buhmann ist – auch, wenn Sie in diesem Fall nur einen kleinen Teil zur Entscheidungsfindung beigetragen haben.

„In der Wut verliert der Mensch seine Intelligenz"

(Dalai Lama)

Der Jedes-Jahr-Abgang

Kommen wir am Ende zu einem Individuum, wie wir es sicher schon in jedem Verein erlebt haben. Ich nenne es den „Jedes-Jahr-Abgänger". Richtig, hierbei handelt es sich um den Spieler, der noch alle Trainingsanzüge seit der E-Jugend im Schrank hat und in Kürze für das 500. Pflichtspiel seines Heimatvereins, mit einer Schmuck-Urkunde im Holzrahmen, ausgezeichnet wird, freundlich mit dem 1. Vorsitzenden für das Pressefoto Ihrer Heimatzeitung posiert – und dass, obwohl er doch die vergangenen fünfzehn Spielzeiten wechseln wollte. Wir alle kennen dieses Phänomen. Die kleine Diva in Stollenschuhen, der man einfach mal wieder sagen muss, wie lieb man sie hat und wie wichtig diese Person für die Mannschaft ist. Als Kreisklassen-Legende genießt dieser Spieler hohes Ansehen beim Vorstand und hat schon viele Trainer überlebt – und dabei selbstverständlich immer einen Stammplatz gehabt.

Mein Tipp an Sie: Sofern angemessen, schmieren Sie diesem Spieler mal wieder Honig ums Maul. Machen Sie vor der Mannschaft ein paar freundliche Bemerkungen über den Spieler und schon haben Sie die Zusage für das 501. Pflichtspiel. „Ich bedanke mich für die hervorragende Trainingsleistung am heutigen Tage. Besonders beeindruckt hat mich heute unser Vereins-Methusalem, der wieder einmal seine Zweikampfstärke unter Beweis gestellt hat und scheinbar auf seine alten Tage noch einmal um die Torjägerkanone wettstreiten will." Ein kleines Beispiel für Ihren „Honig". Eine andere Möglichkeit ist es, den Spieler in der Stadionzeitung besonders in den Vordergrund zu stellen oder indem er auf dem Plakat der nächsten Heimspielankündigung präsentiert wird. Die Wahrscheinlichkeit für ein Happy-End ist jedenfalls groß, wenn Sie ihm in dieser Phase seines inneren Konfliktes ein besonderes Interesse schenken.

Saisonende vs. Saisonvorbereitung

Nach Abschluss des letzten Spieltages der zurückliegenden Saison steht (nach der Saison-Abschlussfeier) die Sommerpause bevor. Das Team wird sich jetzt einige Tage nicht sehen. Sie wünschen Ihren Schützlingen noch „alles Gute und eine schöne Zeit. Trinkt nicht zu viel Bockbier und segelt mit Captain Cola nicht zu weit aufs offene Meer." Für Sie sind jetzt ein paar Tage Ruhe angesagt. Nutzen Sie die Zeit zur Regeneration und lassen Sie die Seele baumeln. Sport spielt für einige Tage eine untergeordnete Rolle, auch, wenn es Ihnen vielleicht schwer fällt, abzuschalten. Bevor Sie sich an diesem Punkt befinden, haben Sie aber Ihre Hausaufgaben gemacht.

„Der Erfolg kommt über die Brücke der Planung zu dir"

(Adolf Loos)

Der Vorbereitungsplan

Ein paar Wochen vor Saisonende habe Sie sich die Urlaubszeiträume Ihrer Spieler geben lassen. Das ist die Grundlage für die Planung der Vorbereitung. Nach dem letzten Pflichtspiel händigen Sie den Vorbereitungsplan aus. Darauf führen Sie alle Trainingseinheiten mit Ort, Datum und Zeit auf. Ebenso sind Testspiele und Turniere aufzuführen. Laufschuhe sind mitzubringen! Für ausreichend Flüssigkeit soll gesorgt sein. Schließlich werden Sie in der Vorbreitung hart mit Ihrem Team arbeiten. Zudem sollte bereits ein erster

Mannschaftsabend ausgeplant sein, den Sie von ihren Spielern organisieren lassen. Sie sind nicht das Mädchen für alles. Fördern Sie die Selbstständigkeit Ihrer Spieler. An diesem Abend sind Sie und Ihr Trainer-/Betreuerstab der Gast und müssen sich um nichts kümmern. Der Mannschaftsabend ist als fixer Termin auf dem Vorbereitungsplan aufgeführt und für alle verbindlich. Die Neuzugänge müssen schließlich schnellstens integriert werden und aufgrund des Wetters lässt sich die Team-Pool-Party wenig flexibel auf einen späteren Zeitpunkt verschieben. Im Rahmen der Möglichkeiten sollte auch ein gemeinsames Mannschaftsessen stattfinden, bei dem auch gerne die Spielerfrauen oder Spielerfreundinnen erwünscht sind. Mannschaftssport ist ein zeitintensives Hobby. Längere Abwesenheiten von zu Hause - und somit vom Partner - sind die Regel. Binden Sie die Spielerfrauen (beim Damensport, die Spielermänner) aktiv in Ihr Vereinsleben ein. Hat sich erst einmal der „Club der Spielerfrauen" gebildet, zählt das nächste Punktspiel zur absoluten Pflichtveranstaltung. Es gibt schließlich viel zu erzählen, High Society im Kleinformat. Vielleicht verliert sich der ein oder andere Blick der Spielerfrauen sogar auf das Spielfeld. In jeden Fall sorgt eine aktive Einbindung der Lebenspartner einem Interessenkonflikt in den eigenen vier Wänden vor. Den Abschluss Ihres Trainingsplans bildet das erste Pflichtspiel, in der Regel ein Pokalspiel, sowie das erste Punktspiel im Ligabetrieb. Verschicken Sie den Trainingsplan zusätzlich per E-Mail oder stellen diesen öffentlich im Internet ein. Schließlich hat das schwarze Loch im Sommer Hochkonjunktur und frisst zahlreiche Vorbereitungspläne schlichtweg auf. Die Hardcopy des Vorbereitungsplanes kann dann über dem Nachtschrank der Spieler platziert werden oder sich an der Pinnwand des Bildschirmarbeitsplatzes wiederfinden. Als Hilfestellung gebe ich Ihnen ein Muster eines Vorbereitungsplanes, im Anschluss des nächsten Unterpunktes, an die Hand.

Der Laufplan

Ich rate Ihnen ebenso, Ihren Sportlern einen Laufplan in die Sommerpause mitzugeben. Er ist Ihr persönliches Vergissmeinnicht an die Spieler. Je höher die Spielklasse, desto wichtiger ist eine individuelle Vorbereitung Ihrer Spieler, auf die neue Spielzeit! Es gibt für einen Trainer nichts Schlimmeres, als zu Beginn der Vorbereitung, bei der berüchtigten „Null" zu starten. Reden Sie Ihren Spielern ins Gewissen und appellieren, dass sportliche Ziele verfolgt werden, der Schwerpunkt der Vorbereitung nicht auf das Konditions- und Krafttraining beschränkt werden soll - und dass Ihre Schergen, als positive Nebenerscheinung, zusätzlich den angestrebten Strandkörper, für den anstehenden Badeurlaub, erhalten. Der Laufplan ist individuell oder in Kleingruppen zu absolvieren und sollte neben Ausdauerläufen auch Intervallläufe enthalten. Schaffen Sie kleine Anreize, indem Sie sich absolvierte Laufeinheiten (auf Vertrauensbasis) melden lassen. Sind Sie selbst noch sportlich aktiv, so laufen Sie die Standart-Strecken Ihrer Stadt und möglicherweise treffen Sie Ihre Spiele an und vergewissern sich mit eigenen Augen, wie sie sich für die neue Saison in Form bringen. Zur aktiven Erholung und Regeneration zwischen den Laufeinheiten, eigenen sich Schwimmen und Radfahren. Im Folgenden stelle ich Ihnen einen Muster-Laufplan zur Verfügung.

Laufplan Vorbereitung (Muster)

1. Laufeinheit (45-60 min)

Lockerer Ausdauerlauf mit durchschnittlichem, einheitlichem Tempo - bei niedriger Pulsfrequenz

2. Laufeinheit

2.1 Lockeres Erwärmen/Einlaufen (10 min.)

2.2 Intervallläufe

10x schnelles Tempo (kein Sprint) á 30 sec
9x normales Tempo (kein langsames Jogging) á 60 sec.
Jeweils im Wechsel

2.3 Lockeres Cool Down (5 min.)

3. Laufeinheit (45-60 min)

Lockerer Ausdauerlauf mit durchschnittlichem, einheitlichem Tempo - bei niedriger Pulsfrequenz

4. Laufeinheit

4.1 Lockeres Erwärmen/Einlaufen (10 min.)

4.2 Intervallläufe

10x schnelles Tempo (kein Sprint) á 40 sec
9x normales Tempo (kein langsames Jogging) á 60 sec.
Jeweils im Wechsel

4.3 Lockeres Cool Down (5 min.)

5. Laufeinheit (45-60 min)

Lockerer Ausdauerlauf mit durchschnittlichem, einheitlichem Tempo - bei niedriger Pulsfrequenz. Zwischenzeitlich kurze Sprints (bergauf) ausführen

6. Laufeinheit

6.1 Lockeres Erwärmen/Einlaufen (10 min.)

6.2 Intervallläufe

10x schnelles Tempo (kein Sprint) á 40 sec
9x normales Tempo (kein langsames Jogging) á 60 sec.
Jeweils im Wechsel

6.3 Lockeres Cool Down (5 min.)

Das Aushändigen eines Laufplans hat den Vorteil, dass – Umsetzung durch die Spieler vorausgesetzt – Sie in der Vorbreitung mehr Wert auf spielerische Inhalte im Trainingsbetrieb legen können. Trotz des Bewusstseins, dass Konditionstraining in der Vorbereitung unerlässlich ist, wird es bei vielen Spielern ungern umgesetzt. Das liegt in der Natur des Menschen. Wir sind bequem und versuchen, allen Hürden aus dem Weg zu gehen. Während der Vorbereitungsphase sollten Sie mindestens eine Trainingseinheit mehr ansetzen, als es im normalen Spielbetrieb der Fall ist. Zusätzlich können Sie Freundschaftsspiele organisieren und an Turnieren teilnehmen.

Sie sollten bei Vorbereitungsturnieren nur zusagen, wenn Sie, während der fußballfreien Zeit, genügen Spieler Ihres Kaders zur Verfügung haben oder über einen entsprechenden Unterbau aus weiteren Herrenmannschaften oder Jugendmannschaften verfügen. Nichts ist peinlicher und unangenehmer, wenn es Ihr Verein ist, der beim Turnier – trotz verbindlicher Zusage - keine Mannschaft stellen kann und somit den weiteren Turnierverlauf sprengt. Die Konsequenz daraus, ist ein Spielausfall. Zuschauereinnahmen gehen verloren. Das Catering ist hinfällig. Zuschauer reisen umsonst an. Kurz gesagt: Ihr Team macht sich sehr unbeliebt. Testspiele sind vom Zeitmanagement flexibler zu handhaben. Diese können noch kurzfristig abgesprochen werden und es bedarf ohnehin wenig organisatorischen Vorlauf.

Ferner ist ein kurzfristiges Verschieben nach hinten, ohne Weiteres möglich, da kein Turnierverlauf aufgehalten wird. Über Art und Vielfalt von Testspielen und Turnieren, muss jeder Trainer selbst entscheiden. Viele Trainer nutzen die Zeit fast ausschließlich zum Einspielen Ihres Team, andere Mannschaften legen den Schwerpunkt auf harte Trainingsarbeit und spielen deutlich weniger. Ihre Vorbereitung müssen Sie – in Abstimmung mit den Anwesenheitszeiten Ihrer Spieler – selbst gestalten. Planen Sie so, wie Sie es für richtig halten.

Schaffen Sie, insbesondere in der Vorbereitungsphase, Transparenz zwischen den Mannschaften Ihres Vereins. Binden Sie während der Vorbereitung zusätzlich Spieler der Jugend- und Reservemannschaften, in Ihren Spiel- und Trainingsbetrieb, ein. Ermöglichen Sie Ihnen die Teilnahme an der Vorbereitung und an den Testspielen, sofern es die Möglichkeiten zulassen. Vielleicht entpuppt sich ein bisher ungeahntes Talent und rückt in die Reihen der ersten Mannschaft vor. Den Jugendspielern sollten Sie in Ihrem letzten Jugendjahr generell immer anbieten, am Trainingsbetrieb teilzunehmen. Erste Pflichtspieleinsätze sind schon im Bereich des Möglichen. Achten Sie aber darauf, dass beim jungen Spieler keine Überbelastung entsteht. Kein Jugendspieler sollte unnötig verheizt werden. Im letzten Jugendjahr sollte der Jugendspielbetrieb für Ihren Sprössling noch immer Vorrang haben. Einsätze im Seniorenbereich sollten sich nicht negativ auf den Jugendspielbetrieb auswirken, denn die Jugend Ihres Vereines ist das wichtigste Gut. Tragen Sie zur Pflege und Unterstützung dieses Gutes bei. Der Jugendspieler wird noch lange genug Mitglied Ihrer Interessengemeinschaft sein. Wie angekündigt, stelle ich Ihnen – unter Einbeziehung des Laufplanes - einen Muster-Vorbereitungsplan zur Verfügung.

„Die Zukunft hängt davon ab, was wir heute tun"

(Mahatma Gandhi)

Vorbereitungsplan für die Saison 20xx/20xx (Muster)

So., 08.06.xx	Laufeinheit gem. Laufplan
Di., 10.06.xx	Laufeinheit gem. Laufplan
Do., 12.06.xx	Laufeinheit gem. Laufplan
Sa., 14.06.xx	Laufeinheit gem. Laufplan
Mo., 16.06.xx	Laufeinheit gem. Laufplan
Mi., 18.06.xx	Laufeinheit gem. Laufplan
Fr., 20.06.xx	Trainingseinheit und Pressetermin Stadion, A-Platz
Mo., 23.06.xx	Trainingseinheit (Fahrrad) Treffen Stadion, Fahrstrecke
Mi., 18.06.xx	Trainingseinheit Stadion, B-Platz
Fr., 20.06.xx	Testspiel Musterhausen
So., 22.06.xx	Trainingstag (08.00h-16.00h) Stadion, B-Platz
Mo., 23.06.xx	Trainingseinheit Fitness-Studio
Mi., 25.06.xx	Trainingseinheit Stadion, B-Platz
Fr., 27.06.xx	Blitzturnier (3 Teams á 2x30 min) Beispielstadt
So., 29.06.xx	Trainingseinheit Stadion, B-Platz

Mo., 30.06.xx	Trainingseinheit Stadion, B-Platz
Mi., 02.07.xx	Testspiel Auswärtsdorf
Fr., 04.07.xx	Trainingseinheit Stadion, B-Platz (anschl. Teamabend) Club Hühnerstall
So., 06.07.xx	Testspiel Dingenskirchen
Mo., 07.07.xx	Trainingseinheit Stadion, B-Platz
Mi., 09.07.xx	Trainingseinheit Stadion, B-Platz
Fr., 11.07.xx	Trainingseinheit Stadion, B-Platz
So., 13.07.xx	Testspiel Stadion, A-Platz
Mo., 15.07.xx	Trainingseinheit Stadion, B-Platz
Mi., 17.07.xx	Trainingseinheit Stadion, B-Platz
Fr., 19.09.xx	Trainingseinheit Stadion, B-Platz (anschl. Teamsitzung) Clubzimmer

So., 21.09.xx	Testspiel Stadion, A-Platz (anschl. Gem. Abendessen; Ristorante Sizilia; gerne mit Spielerfrauen)
Mo., 22.07.xx	Trainingseinheit Stadion, B-Platz
Mi., 24.07.xx	Trainingseinheit Stadion, B-Platz
Fr., 26.07.xx	Trainingseinheit Stadion, B-Platz
So., 17.07.xx	Pokalspiel (1. Runde) Querbeet
Di., 19.07.xx	Trainingseinheit Stadion, B-Platz
Do., 21.07.xx	Trainingseinheit Stadion, B-Platz
So., 24.07.xx	Punktspiel (1. Spieltag) Stadion, A-Platz

Zu jeder Trainingseinheit sind Laufschuhe und ausreichend Flüssigkeit mitzubringen. Für Fragen stehe ich euch jederzeit zur Verfügung.

gez.

[Tobias Mann]

Tag des Trainingsauftaktes

Neue Spieler für Ihr Team

Es ist Ihnen gelungen, Ihr Team zu verstärken. Sie haben neue Spieler für Ihr Team begeistern können. Der Kern Ihres Teams bleibt unverändert. Das erste Training der neuen Saison steht an und Sie stellen sich den Neuzugängen noch einmal vor. In diesem Fall gebe ich Ihnen den Ratschlag, sich vor dem ersten Training einige Minuten mit den Neuzugängen (sofern es in Ihrem Team Neuzugänge gibt) zusammenzusetzen, sich vorzustellen und den Neu-Schützlingen zu ermöglichen, sich Ihnen vorzustellen. Dies ist von besonderer Wichtigkeit, wenn dem Wechsel vorab, noch kein Gespräch zwischen Sportler und Trainer, stattgefunden hat. Damit zeigen Sie Ihren Neulingen unmittelbar Ihr Interesse sowie Wertschätzung und erlangen zugleich wichtige Informationen über die neuen Spieler. Im Anschluss zeigen Sie den Spielern Ihre Sportanlage. Währenddessen besteht die Möglichkeit, Small-Talk zu führen. Sollten sich die Neuzugänge noch zurückhalten, so leiten Sie das Gespräch. Machen Sie ein paar lustige Bemerkungen und gehen auf jeden einzelnen ein. Das lockert die Stimmung und die Spieler beginnen, sich früher zu öffnen. Um zeitlichen Verzug zu vermeiden, verabreden Sie sich mit den Neuzugängen besser einige Minuten vor Treffpunkt, um unnötigen zeitlichen Stress zu vermeiden. Zu Beginn der ersten Trainingseinheit der neuen Saison, starten Sie das Training mit einleitenden Worten. Hier erwähnen Sie, dass Sie „ganz besonders die Neuzugänge A, B und C begrüßen und dass es Ihnen eine Freude ist, von nun an mit ihnen zusammenzuarbeiten."

Im Anschluss stellen Sie die neuen Spieler namentlich vor und lassen die Spieler darauf folgend, sich selbst vorstellen. Beherzigen Sie diesen Ablauf, können Sie davon ausgehen, bereits ein positives Standing, bei Ihren Neuzugängen zu haben. Immerhin haben Sie sich bereits vor dem ersten Training intensiv um sie gekümmert, Ihnen persönlich, im kleinen Kreis zugehört, sich mit warmen Worten vorgestellt, dabei Inhalte aus den ersten persönlichen Gesprächen reflektiert und formuliert, wie sehr Sie sich freuen, die Neuzugänge in Ihren Reihen begrüßen zu dürfen und Ihnen zuletzt eine schöne Zeit gewünscht. Das geht doch schon mal gut los und erzeugt bei den neuen Spielern bereits ein erstes Wohlfühlgefühl und Anerkennung.

Die erste Trainingseinheit

Die Sommerpause ist beendet. Alle Parteien haben sich von den Strapazen der letzten Saison erholt und treffen hoch motiviert auf dem Stadiongelände ein. Nachdem sich alle Akteure in Ihr Sportgewand geworfen haben, geht es los. Für das erste Training gebe ich Ihnen den Ratschlag, Ihre Spieler nicht gleich ins kalte Wasser zu werfen. Das erste Training ist eine Art Schaulaufen, ein lockerer Aufgalopp. Beginnen Sie mit einer kurze Ansprache für die neue Saison. Idealtypisch sind Ihrer Ansprache ein paar warme Worte des Vorstandes vorgeschalten (alternativ auch nach der ersten Trainingseinheit der neuen Saison).

„Erfolg hat nur der, der etwas tut, während er auf den Erfolg wartet"

(Thomas Alva Edison)

Appellieren Sie an Ihre Gruppe, sich in den nächsten Wochen mit voller Konzentration und vollem Ehrgeiz, in die Vorbereitung einzubringen und zeigen Sie Ihren Spielern, die damit verbundenen Ziele, auf. Sprechen Sie dabei laut und deutlich, unterstreichen Ihre Aussagen mit einer entschlossenen Gestik und achten auf einen ebenso überzeugenden Gesichtsausdruck.

Hierzu ein kurzes Beispiel:
„Männer, ich begrüße euch heute zum ersten Training der neuen Saison. Ich hoffe, ihr hattet einen schönen Urlaub und konntet euch ein wenig erholen. Die folgenden Wochen werden anstrengend und schweißtreibend. Mit dem Laufplan habt ihr bereits einen wichtigen Grundstein für eure Fitness gelegt, die es in den kommenden Wochen zu verfeinern gilt.

Vor uns stehen intensive Trainingseinheiten und einige Testspiele, bevor es in ein paar Wochen ernst wird. Ich kann jedem nur ins Gewissen reden, sich in der Vorbereitung zu empfehlen. Absagen dulde ich nur im absoluten Notfall. Ich fordere euch auf, mir die Entscheidung möglichst schwer zu machen, wen ich letztendlich im ersten Pflichtspiel aufstelle. Von allen Spielern der letzten Saison, erwarte ich den gleichen Einsatz, wie von den Neuzugängen. Es gibt keinen Grund, sich auf den Lorbeeren der Vergangenheit auszuruhen. Niemand hat bei mir einen Bonus. Die Karten werden neu gemischt. In den folgenden Wochen wird es sicherlich auch die ein oder andere Trainingseinheit geben, die euch nicht zusagen wird, weil die Kugel auch mal im Ballsack bleibt. Jedoch erwarte ich von euch maximalen Einsatz. Wir legen hier den Grundstein für die gesamte Saison. Die Konkurrenz schläft nicht. Wir wollen fitter und leistungsfähiger sein als die Konkurrenz. Unsere akribische Arbeit in der Vorbereitung, wird ein Grund dafür sein, dass wir Spiele noch in der 90. Minute gewinnen werden, während unseren Gegnern die Luft ausgeht. Mit dem zweiten Drittel der Vorbereitung wird dann, wie die gesamte Saison bei mir üblich, der Ball in den Vordergrund rücken. Zusätzlich haben wir ausreichend Freundschaftsspiele, um uns auf den Ernstfall vorzubereiten. Ich wünsche allen eine gute und verletzungsfreie Vorbereitung. Jetzt geht es los. Wir starten mit der ersten Übung [...]"

Vielen Auftaktveranstaltungen folgt ein Pressegespräch mit Fototermin. Des Weiteren werden sich einige interessierte Zuschauer am Trainingsplatz befinden, die vor allem die Neuzugänge unter die Lupe nehmen wollen. Ich gebe Ihnen den Tipp, sich im Pressegespräch erstmal zurückhaltend zu äußern, selbst wenn Ihr Team der Meisterschaftsfavorit ist. Sie „wollen erst einmal die Vorbereitung abwarten, von Verletzungen verschont bleiben, die Neuzugänge integrieren sowie die ersten Saisonspiele abwarten. Ohnehin stehe Ihnen, aufgrund von Urlaubsabwesenheiten, nie der gesamte Kader zur Verfügung. Eine Prognose bezüglich einer Platzierung ist aus hiesiger Sicht noch nicht möglich, jedoch bestrebe man eine Platz im oberen Tabellendrittel." Solche Aussagen vermeiden unnötigen Druckaufbau und überzogene

Erwartungshaltung der Öffentlichkeit. Ihr Ziel ist es, in Ruhe die Vorbereitung zu absolvieren und mit Ruhe in den neuen Spielbetrieb zu starten.

Ebenso ersparen Sie sich Hohn und Spott, im Falle eines Fehlstarts in die neue Spielzeit. Es wird genug Zuschauer und gegnerische Vereine geben, die auf Ihr Scheitern hoffen, wie ein hungriger Löwe auf seine Beute. Sollte ein Pressegespräch mit Ihren Spielern stattfinden, so mahnen Sie auch Ihre Akteure, zur Zurückhaltung. Ihre Mannschaft soll ein geschlossenes Bild abgeben und eine gemeinsame Sprache sprechen. Zwiespältige Meinungen werfen kein gutes Licht auf Ihr Team. Mannschaftsintern kann natürlich jede Meinung vertreten werden. Gemäß dem Fall, die Meisterschaft ist das Saisonziel, reden Sie - im Mannschaftsverbund - auch über dieses Ziel. Die Worte verlassen allerdings nicht die Kabine.

Die weiteren Trainingseinheiten

In den kommenden Wochen zeigen Sie sich von Ihrer besten Seite. Packen Sie Ihr komplettes Repertoire aus. Bringen Sie dabei vielfältige Trainingsmaterialen zum Einsatz. Ein klassischer Waldlauf, eine gemeinsame Radtour, Trainingsprogramme im Fitnessstudio, Intervallläufe auf der Laufbahn, Treppen- und Steigungsläufe - um nur ein paar Möglichkeiten aufzuzeigen - sind abwechslungsreiche und effektive Trainingsmethoden, um - außerhalb des Sportplatzes - das Fitnesslevel Ihres Teams zu steigern. Auf dem Sportplatz lehren Sie Ihr Team in allen erdenklichen Themenschwerpunkten. Nach abwechslungsreichen Aufwärmübungen zu Beginn des Trainings, sind Ihre Fähigkeiten, vor allem im nachfolgenden Part, gefragt. Achten Sie darauf, dass Sie folgende Kategorien, querbeet und dauerhaft, bedienen und möglichst viele in jeder Trainingseinheit abdecken:

- ✓ **Technik**

    - Dribbling
    - Finten (Ausspielen)
    - Passspiel
        - direkter / indirekter Pass
        - Kurzpass / langer Pass
        - Pass in die Spitze / Diagonalpass/ Querpass
        - Flanke / Flugball / Flachpass
        - Pass in den Fuß / Pass in den Rücken / Steilpass
        - Doppelpass / Passkombination / Wandspiel
    - Torschuss / Schießen allgemein
    - Kopfball
    - An-/Mitnahme

- ✓ **Fitness**

    - Ausdauer
    - Koordination
    - Schnelligkeit
    - Kraft
    - Beweglichkeit

- ✓ **Zweikampf**

    - 1:1
    - 2:2
    - 2:2 + Anspieler
    - 4:3
    - 3:3:3
    - usw.

- ✓ **Gruppentraining**

    - Torwart-Training / -schulung
    - Defensiv-Schulung
    - Offensiv-Schulung

- ✓ **Individualtaktik**

    - im Angriff
    - in der Verteidigung

- ✓ **Gruppentaktik**

    - Umschaltspiel
    - Torverhinderung
    - Verteidigung
    - Angriff
    - Ballzirkulation

- ✓ **Mannschaftstaktik**

    - Spielaufbau
    - Spielsystem
    - Pressing
    - Chancen kreieren
    - Umschaltspiel
    - kompakt angreifen
    - kompakt verteidigen

Legen Sie während der Einheiten ein Augenmerk darauf, dass sich die Spieler, in ihren Grüppchen, nicht dauerhaft selbst einteilen. Sie schaffen Abwechslung und legen Trainingspärchen fest. Für Kleingruppen gilt das Gleiche. Ersticken Sie Grüppchenbildung im Keim. Alle Akteure bilden ein Team - und es soll keine Präferenzen geben. Teilen Sie Spieler zusammen ein, die sonst nicht zusammen trainieren würden, um die Beziehung zueinander zu stärken und die Kommunikation zu verbessern.

Viele Trainer überlassen die Einteilung den Spielern selbst, ausgenommen vom Abschlussspiel. Damit verzichten Sie auf die Möglichkeit, die letzten „Körner aus Ihren Spielern herauszukitzeln". Der schnellste Spieler soll beim Sprinttraining, gegen den zweitschnellsten Spieler laufen, der Topstürmer beweist sich im Zweikampftraining gegen den Abwehrchef - und nicht gegen seinen besten Kumpel.

Bauen Sie Druck auf. Lassen Sein Ihre Spieler nicht zu Ruhe kommen, sondern fordern sie stetig Höchstleistung. Nur so fördern Sie die Weiterentwicklung Ihrer Spieler. Im Trainingsbetrieb achten Sie außerdem immer darauf, dass alle Spieler in Bewegung sind. Alle trainieren - jederzeit. Sonst entsteht Unruhe. Ihr Trainingsfluss wird gestört, wenn zu viele Spieler beschäftigungslos an der Mittellinie warten, bis Sie am 16-Meter-Raum, die Bälle auflegen. In der kalten Jahreszeit frieren Ihre Spieler, verletzen sich und werden krank. Sorgen Sie nicht für weitere, unnötige Baustellen. Bauen Sie mehrere Spielfelder auf. Lassen Sie mehrere Übungen gleichzeitig laufen. Gehen Sie immer gut vorbereitet in jedes Training, aber planen Sie auch Raum für Flexibilität ein. Verfügen Sie über eine Trainerkollegen oder Co-Trainer, teilen Sie sich auf, kontrollieren den Trainingsfluss und korrigieren bei Bedarf.

Der Trainingstag

Das kleine Highlight der Vorbereitung bildet der Trainingstag. An diesem Tag verbringt das Team die Zeit gemeinsam. Der Tag beginnt mit einem sportlichen Frühstück. Verzichten Sie auf die englische Variante mit Bacon und fettigen Würsten. Die Spieler sollen nicht bereits vor der ersten Trainingseinheit ausgeknockt werden. Richten Sie gemeinsam mit Ihrem Trainerkollegen und Betreuern ein einfaches Frühstücksbuffet her. Die Aufgabe können Sie ebenso an Ihre Spieler übertragen und damit Ihre Selbstständigkeit fördern. Erinnern Sie sich dazu an die Trainerziele zu Beginn des Buches. Stellen Sie eine kleine Auswahl von Getränken zusammen. Gegen einen Kaffee am Morgen ist nichts einzuwenden. Ergänzen Sie die Auswahl durch verdünnten Fruchtsaft (1/3 Apfelsaft; 2/3 stilles Wasser) und Wasser. Zum Frühstücksbuffet gehört ebenso eine Obst- und Gemüseauswahl. Abgerundet wird die Mahlzeit durch die Kohlehydratlieferanten Vollkornbrot und Haferflocken. Alternativ können Sie Müsli anbieten. Vermeiden sollten Sie aber die Kreation Double-Triple-Sixty-Choc, da Sie sonst den gleichen Effekt erzielen, wie beim englischen Frühstück. Als Brotbelag dient magere Wust, Käse und Marmelade. Die Grundlage für den Trainingstag ist gelegt. Gönnen Sie sich noch einen Moment Ruhe, gehen Sie einmal um den Block und begrüßen Sie frisch und munter Ihre Spieler auf dem Trainingsplatz, zur ersten Einheit des Tages. Während der Trainingseinheit arbeiten Sie auf dem Platz. Ihr Netzwerk arbeitet währenddessen am Mittagessen. Für die Zubereitung können Sie die Spielerfrauen einbeziehen. Im Jugendalter ist die Hilfsbereitschaft für die Organisation solcher Events am größten. Viele Eltern zeigen sich äußerst engagiert. Für das Mittagsessen benötigt man ebenfalls keinen großen Aufwand. Kochen Sie einen großen Topf Spaghetti mit Bolognese und alle sind zufrieden. Nach dem Mittagessen fallen Ihre Spieler ins Mittagstief. Das liegt am menschlichen Biorhythmus und ist absolut normal. Nutzen Sie die Zeit zum Pausieren. Das Vorführen eines Lehrfilmes ist eine gute Alternative, Ihre Spieler theoretisch zu schulen. Der Markt bietet diverse nützliche Medien, die - ohne wissenschaftliche Studien - Fachwissen vermitteln und somit bei Ihren Spielern ein Lernprozess auslösen. Gleichermaßen können Sie einen großen Auftritt an der Taktiktafel hinlegen. Beachten Sie dabei jedoch den Biorhythmus. Er beeinflusst die Aufnahmefähigkeit. Im Anschluss an die Mittagspause, erfolgt die zweite Trainingseinheit. Alternativ kann auch ein Testspiel angesetzt werden. Im Anschluss an die zweite Trainingseinheit, ist der Trainingstag beendet. Mit diesem Event wurde nicht nur der Zusammenhalt und die Kameradschaft gefördert, sondern auch trainiert. Es wurden somit zwei Fliegen mit einer Klatsche geschlagen. Gemeinsame Erlebnisse stärken den Zusammenhalt. Den Spielern und Ihnen wurde die Möglichkeit gegeben, sich besser kennenzulernen. Im Laufe des Tages haben sich viele Gespräche ergeben und viele Informationen ausgetauscht. Ich habe noch nie erlebt, dass ein Trainingstag bei einer Mannschaft nicht auf positives Feedback gestoßen ist.

Das Trainingslager

Eine erweiterte Form des Trainingstagesm bildet das Trainingslager. In der Regel wird das Trainingslager am Wochenende angesetzt. Stößt Ihre Idee für ein Trainingslager auf Gegenliebe, gibt es keine andere Möglichkeit, als mit einer schnellen Ausplanung zu beginnen. Die attraktivsten Möglichkeiten sind bekanntlich schnell ausgebucht. Nutzen Sie unbedingt die Option eines Trainingslagers. Nichts bringt Ihr Team - auf der menschlichen Ebene - so schnell zusammen, wie eine Mannschaftsfahrt. Dies gilt ebenso für die Realisierung verschiedener Zielsetzungen. Sei es, dass aus einer Gruppe, ein echtes Team zusammenwächst, ein Spielsystem oder andere taktische Abläufe einstudiert werden oder konditionelle Grundsteine für die neue Saison gelegt werden – alles gelingt am besten und schnellsten, wenn die Mannschaft über einen längeren Zeitraum zusammen ist. Das Trainingslager ist mit absoluter Sicherheit das Saisonhighlight und darf in keinem Saisonrückblick fehlen. Für das Trainingslager können Sie Ihren Verein um Zuschuss bitten. Eine professionelle Umgebung bieten Sporthotels. Um Kosten zu sparen, eignen sich Jugendherbergen. Einen weiteren angenehmen Nebeneffekt bieten die Mannschaftsfahrten, da viele Unternehmungen, ohne Zeitdruck, absolviert werden können. Neben theoretischen und praktischen Einheiten, können Sie außerdem professionelle Teambuilding-Maßnahmen buchen. Hierbei beschäftigen sich Spieler und Trainer- / Betreuerstab intensiv miteinander und lernen sich - außerhalb der Sportanlage - besser kennen.

Die Testspiele

Während der Vorbreitung werden einige Testspiele angesetzt. In diesen Spielen können Inhalte aus den Trainingseinheiten ausprobiert werden. Achten Sie darauf, dass Ihre Spieler ausreichend Einsatzzeit bekommen, denn die Spielpraxis bildet einen wichtigen Baustein für eine erfolgreiche Saison. Die Ergebnisse in den Tests, spielen eine untergeordnete Rolle. Deswegen räumen Sie auch den leistungsschwächeren Spielern genug Spielzeit ein. Alles andere würde für unnötige Unruhe sorgen und den Teamgeist stören. In den Testspielen empfehle ich Ihnen, sofern die Möglichkeit besteht, junge Talente in den Kader zu berufen. Die jungen Spieler werden somit bereits an die Mannschaft herangeführt und wenn der Zeitpunkt gekommen ist, dass sie die Jugend verlassen, schneller integriert. Zusätzlich steigern Sie die Motivation der jungen Spieler, denn Sie können in der Jugendmannschaft, stolz über Ihren Auftritt bei den Senioren berichten und haben erste Berührungspunkte mit dem Herrenfußball gemacht. Die gleiche Chance können Sie den Spielern der Reserveteams ermöglichen, sofern es sich um potentielle Kandidaten für die erste Mannschaft handelt.

Die Mannschaftssitzung

Zum Ende der Vorbereitung berufen Sie eine Mannschaftssitzung ein. Die inhaltlichen Schwerpunkte der Besprechung, bilden die letzten Wochen der Vorbereitung. Dabei lassen Sie die letzten Wochen Revue passieren. Äußern Sie offen und ehrlich, was Ihnen gefallen hat - und wo Verbesserungsbedarf besteht. Ermöglichen Sie Ihren Spielern, sich zu Wort zu melden. Kommunikation ist wichtig und beugt vielen Ungereimtheiten vor. Während der Besprechung lassen Sie das Team ihren Mannschaftsführer und den Mannschaftsrat wählen. Ihre Aufgabe ist es, die Wahl zu moderieren und abzuschließen.

Der Mannschaftskapitän

Ich darf Ihnen einen wichtigen Mann, womöglich sogar den wichtigsten Mann, vorstellen. Der Captain wurde von Ihrem Team als „der Anführer" bestimmt und bildet das Bindeglied zwischen Sportlern und Trainer. Zudem ist er Ihr erster und wichtigster Ansprechpartner. Der Kapitän genießt im Mannschaftsverbund hohes Ansehen und Respekt. Deswegen wurde er von der Mannschaft gewählt. Bei diesem Spieler handelt es sich nicht zwangsweise um den besten Sportler des Teams, jedoch sollte er zu den Stammspielern gehören. Dieser Spielertyp besitzt Führungsqualitäten und dient anderen Mitspielern als Vorbild. Mit dem nötigen Feingefühl, schafft er es mit seiner persönlichen Einstellung, bei Konflikten zwischen Trainer und Athleten, neutral zu bleiben. Handelt es sich um einen charakterstarken Menschen, so scheut er sich nicht davor, seine Mitspieler auf und außerhalb des Platzes in die Schranken zu weisen.

In Notsituationen übernimmt dieser Spieler einmal das Training, sofern kein Trainer zur Verfügung steht. Im Laufe der Saison kann es, aufgrund von Verletzungen und Abwesenheiten, zu Ausfällen kommen. Aus diesem Grund sollte es zwei Vertreter für dieses Amt geben, die den Captain auf dem Platz vertreten. Außerhalb des Platzes bleibt der Captain, als Oberhaupt der Spielergemeinschaft, unberührt. Er bildet das Sprachrohr der Mannschaft. Durch ihn werden Wünsche, Bedürfnisse und Probleme aus dem Mannschaftskreis, an Sie heran getragen. Ich kann Ihnen nur dringend empfehlen, einen guten Kontakt mit dem Captain zu pflegen. Zeigen Sie dem Mannschaftsführer im persönlichen Gespräch auf, was Sie von Ihm erwarten.

Betonen Sie ihm gegenüber, wie wichtig er für Sie persönlich ist und dass Sie ihn nicht nur als Spieler, sondern auch als Mensch, sehr schätzen. Schweben Sie mit diesem Spieler emotional auf einer Wellenlänge, so brauchen Sie kleinere Konflikte nicht fürchten. Sie können davon ausgehen, dass Ihr Ansprechpartner die kleinen Probleme im Keim erstickt. Bei größeren Problemen wird er Ihnen einen kameradschaftlichen Hinweis geben, denn er ist die Stimme der Mannschaft und Ihr persönlicher „Spitzel", was in dieser Funktion als positiv zu werten ist.

Mannschaftsrat

In all meinen Jahren als Trainer habe ich immer großen Wert auf einen Mannschaftsrat gelegt. Ich halte sehr viel von dieser Interessengemeinschaft, weil Sie für uns Trainer wichtig ist. Viele Teams wählen zu Beginn der Saison einen Mannschaftsrat. Über die Existenz wird bereits kurz darauf, der Mantel des Schweigens gelegt und am Ende der Saison hatte der Mannschaftsrat nicht eine einzige Funktion. Das ist schade, denn Sie haben auf ein wichtiges Führungsmittel verzichtet. Im Normalfall besteht der Mannschaftsrat aus drei oder fünf Spielern, um im Abstimmungsfall, eine Mehrheit erzielen zu können. Den Vorsitz dieses Rates bildet der Captain. Die restlichen Mitglieder dieser Organisation werden von der Mannschaft gewählt. Am Ende steht Ihnen die Creme de la Creme von verantwortungsbewussten Spielern zur Verfügung. Geballtes Führungspersonal aus Ihren eigenen Spielern. Eine komfortable Situation für Sie, die es zu nutzen gilt.

Eine ganze handvoll Führer, die die gesamte Mannschaft vertreten. Von nun an hat der Mannschaftsrat die gleiche Funktion, wie der Captain, der ja bekanntlich auch Teil des Rates ist, nämlich Verantwortung zu übernehmen. Selbst wenn das Team über einen hohen Teamspirit verfügt, gibt es zwischen den Spielern in Ihrem Team verschiedene Präferenzen. Das ist unvermeidlich und auch völlig in Ordnung. Möglicherweise genießt der Kapitän derart großen Respekt, dass sich einige Spieler ihm nicht anvertrauen wollen. In diesem Fall dienen alle anderen Mitglieder des Rates als Ihr Sprachrohr zum Rest des Teams. Der Mannschaftsrat kann aber auch andere Funktionen übernehmen. Während der Spielzeit wird eine Reihe von Entscheidungen abverlangt. Um eine langwierige Entscheidungsfindung zu vermeiden, lassen Sie den Mannschaftsrat entscheiden. Die Auswahl der neuen Trainingsanzüge, die Organisation der Weihnachtsfeier, die Festlegung des Strafenkataloges (sofern es denn einen geben soll), die Höhe des Beitrages für die Mannschaftskasse – nutzen Sie dieses Medium und lassen Sie Ihre Spieler entscheiden. Ihre Spieler werden das schätzen. Sie wollen mündig sein und mitentscheiden.

Über Führungsspieler

Führungsspieler sind Balsam für die Trainerseele. Je mehr Führungsspieler Sie in Ihren Reihen haben, desto einfacher ist es, die Spieler zu führen. In der Regel ist der Kapitän ein Führungsspieler. Ebenso können die Mitglieder des bereits erwähnten Mannschaftsrates durchaus Führungsspieler sein. Traditionell war der Kapitän absoluter Führungsspieler und zugleich Wortführer auf dem Platz. Gegenwärtig gibt es diesen Typ Führungsspieler immer noch, jedoch nicht mehr in allzu großer Anzahl, wie zu vergangenen Zeiten. Heutzutage sind die Hierarchien innerhalb des Teams flacher geworden. Ein Führungsspieler definiert sich nicht nur durch sein verbales

Führungsverhalten. Der Führungsspieler von heute definiert sich durch seine Leistung und seine Professionalität zum Sport generell. Auch, wenn dieser Führungsspieler nicht über eine derart markante Persönlichkeit verfügt, wie der „traditionelle Wortführer", dient er für seine Teammitglieder als Vorbild – allein aufgrund seiner Leistung. Im Laufe des Buches kamen wir auf das Thema „Kultur" zu sprechen. Aus der Kultur eines Vereins erwächst ein weiterer Führungsspieler, nämlich das „Vereinsidol". Dieser Spieler wird von Außenstehenden als Führungsspieler gesehen, obwohl er möglicherweise weder durch Persönlichkeit, noch durch Leistung, auf sich aufmerksam macht. Dieser Spielertyp hat bei den Vereinsanhängern Kultstatus und genießt – insbesondere bei den Außenstehenden – hohes Ansehen.

Die Pflichtspiel-Phase

An dieser Stelle erklären wir die Vorbereitung für beendet. Sie haben Ihr Team optimal auf die Saison vorbereitet. In der zurückliegenden Zeit haben Sie Ihr Team vielseitig, mit hochwertigen Trainingseinheiten, gefordert und gefördert. In den Testspielen haben Sie allen Spielern Ihres Kaders ausreichend Spielpraxis ermöglicht. Die Ergebnisse spielten dabei eine untergeordnete Rolle. In der Tat gingen Sie in einigen Spielen nicht als Sieger vom Platz. Ruhig und sachlich vermittelten Sie Ihrem Team, dass Ihnen die Ergebnisse keinen Grund zur Besorgnis geben. Vielmehr heben Sie die hervorragende Trainingsbeteiligung und den dabei gezeigten Einsatz hervor. Als weiteres Argument führen Sie auf, dass sich die harte Trainingsarbeit vorerst auf die Leistungsfähigkeit ausgewirkt hat, stellen den Spielern aber in Aussicht, dass sich die trainingsphysiologische Leistungsfähigkeit erst nach einiger Zeit bemerkbar macht - nämlich nach einer Regenerationsphase, in Zeiten, in denen Ihre Spieler wieder in Ihrem üblichen Trainingsbetrieb übergehen. Zudem äußern Sie Lob, wie gut sich Ihre Spieler das neue Spielsystem angeeignet haben, welches ebenfalls in den zurückliegenden Testspielen einstudiert wurde.

Besonders erfreut zeigen Sie sich darüber, dass sich ein Jugendspieler sowie ein Spieler der Reserve, in den Vordergrund spielen konnten. Aus diesem Grund haben Sie die beiden Spieler nachträglich in den Kader berufen und somit die Breite Ihres Kaders erweitert. Der Jugendspieler wird weiterhin in der Jugend auflaufen und - nach Absprache mit dem Jugendtrainer - in Ihrem Team zum Einsatz kommen. Der Spieler der Reservemannschaft wird vorerst im Kader verbleiben und Spielpraxis in der Reserve sammeln, sollte dieser Spieler doch nicht ausreichend zum Zug kommen. Durch Erlebnisse, ab vom Spielfeld, wie zum Beispiel dem Mannschaftsabend, haben Sie Erlebnisse geschaffen. Ihr Team hat sich besser kennengelernt. Die Neuzugänge wurden gut aufgenommen und haben sich bestens ins Team eingefügt. Beim gemeinsamen Essen mit den Spielerfrauen, konnte Ihr Team das mannschaftsinterne Netzwerk erweitern. Die anwesenden Damen haben sich gut amüsiert und sich blendend verstanden. Was einigen Spieler nicht für möglich hielten: Die Frauen haben sich tatsächlich für das nächste Heimspiel zum Zuschauen verabredet. Am Ende verkörpern Sie Zuversicht und äußern, dass Sie den kommenden Monaten sehr positiv entgegen sehen. Ihre Mannschaft habe einen entscheidenden Grundstein für eine erfolgreiche Saison gelegt und nun läge es daran, diese gezeigte Leistung in den Pflichtspielen unter Beweis zu stellen.

Im Folgenden führen wir unsere Zeitreise durch die Saison fort. Dabei machen wir immer wieder an verschiedenen Stationen halt. An diesen „Haltestationen" möchte ich Ihnen möglichst viele Tipps an die Hand geben, die Ihnen im menschlichen Miteinander mit Ihren Schützlingen hilfreich sind, aber auch für Sie persönlich als eine Art Denkanstoß dienen sollen. Während dieser Reise wird nicht alles nach Plan verlaufen. Friede, Freude, Eierkuchen war gestern. Wir werden auf fiktiv eingespielte Probleme in und mit Ihrem Team stoßen und damit umzugehen wissen.
Letzten Endes werden wir durch geschicktes Konfliktmanagement Probleme zu lösen wissen und einen erfolgreichen Weg als Trainer, als Führungspersönlichkeit, fortsetzen.

„Wenn sich eine triviale Erkenntnis paart mit der Dummheit in der Interpretation, dann gibt es in der Regel Kollateralschäden in der Anwendung"

(Alexander van der Bellen)

Wie Sie bereits an dieser Stelle des Buches vernehmen konnten, nutze ich gerne die allgemeine Umgangssprache, um Ihnen Wissen zu vermitteln. Das macht das Lesen dieses Buches und das Aufsaugen von Informationen leicht verdaulich. Auf unnötig verkomplizierendes Fachjargon werde ich auch weiterhin verzichten. Bei bestimmten Themen werde ich allerdings auf meine lockere Zunge achten. Bei diesen Themenkomplexen werden wir sachlich bleiben. Der Inhalt dieser Kapitel ist einfach zu essenziell, um mit lockerer Zunge zu sprechen.

Das erste Pflichtspiel

Wochenlange und intensive Arbeit liegen zurück. Es wartet eine wichtige Phase auf Ihre Gemeinschaft. Alle Spieler wollen für ihren Einsatz belohnt werden. Am Ende können aber nur 11 Spieler in der Startformation stehen - und ich müsste für diese Binse drei Euro ins Phrasenschwein werfen. Allerdings gilt es genau diese Situation zu meistern. Möglicherweise wartet schon zu diesem Zeitpunkt mentale Aufbauarbeit auf den Trainer. Zum ersten Pflichtspiel, in der ersten Runde des Pokalwettbewerbs, wartet ein klassengleicher Gegner, der allerdings in einer anderen Staffel eingeteilt ist. Das Los hat Ihrem Verein zudem ein Heimspiel geschenkt.

Spielorganisation und Informationsweitergabe

Im Anschluss an das letzte Training wurden die Rahmendaten zum Spiel bekannt gegeben. In meinen Trainerjahren habe ich immer wieder die Erfahrungen gemacht, dass viele Spieler im Laufe des Wochenendes vergesslich werden. Wegen des fordernden Einsatzes, in der Nacht von Freitag auf Sonntag, verdrängen die Spieler die Rahmendaten, aufgrund von künstlich herbeigeführter Jugend-Demenz, erstaunlich schnell.

Dienen Sie als Gedächtnisstütze und versenden am Tag vor dem Spiel eine Erinnerungsmail, verbunden mit dem Appell, die Abendgestaltung dem bevorstehenden Spiel anzupassen. Umso höher die Spielklasse, desto weniger Bedarf es dieser „Aufsicht". Üblicherweise steigt die Disziplin mit der Spielklasse. Es ist gar Voraussetzung, um auf Dauer höherklassig spielen zu können.

Nutzen Sie als Kommunikationsmedium die beliebte App mit dem grünen Icon. Erleichtern Sie sich Ihre Trainer-Organisation, indem Sie alle Teammitglieder in eine Gruppe einladen. Folglich haben Sie für die Teamkommunikation mit minimalem Aufwand, nämlich einer einzigen Nachricht, Ihre Informationen an alle Beteiligten verteilt. Bei jungen Spielern können Sie davon ausgehen, dass Ihre Information bereits nach wenigen Minuten gelesen und mit einem Emoji bestätigt wurde. Legen Sie für diese Gruppe Regeln fest. Allgemeine Informationen, fachgerechte Kommentare, motivierende und appellierende Ansagen, lustige Bildchen und Videos, sollen erlaubt sein. Schließlich findet hier Kommunikation statt, welche die wichtigste Grundlage der sozialen Interaktion zwischen Ihnen und den Spielern, aber auch aller Teammitglieder untereinander, bildet. Unterbinden sollten Sie das Absagen der Spieler zum Training oder Spiel innerhalb der Gruppe. Das muss Ihnen persönlich mitgeteilt werden. Desgleichen verfahren Sie mit kritischen Kommentaren jeglicher Art. Diese haben in der öffentlichen Gruppe nichts verloren.

Der Pflichtspieltag von A bis Z

Die Rahmendaten

- ➤ Pokalspiel, 1. Runde
- ➤ Spielbeginn: 15.00 Uhr
- ➤ Treffen: 13.45 Uhr
- ➤ Spielbesprechung: 13.50 Uhr
- ➤ Umziehen: 14.10 Uhr
- ➤ Aufwärmen: 14.20 Uhr
- ➤ Einfinden in der Kabine: 14.50 Uhr
- ➤ Einlaufen: 14.58 Uhr
- ➤ Anpfiff 15.00 Uhr
- ➤ Halbzeitpause ca. 15.46 Uhr
- ➤ Spielende ca. 16.50 Uhr
- ➤ Kurzbriefing 16.55 Uhr
- ➤ Einfinden in der Kabine 17.10 Uhr
- ➤ Offizielles Ende 17.45 Uhr

Die Anstoßzeit

Der Spielbeginn wird durch den Staffelleiter vorgegeben, sofern die Vereine keinen eigenen Vorschlag für eine generelle Anstoßzeit machen. Zu Saisonbeginn benennen die Vereine die Heimspielstätte. Dem Staffelleiter werden zudem das offizielle Teamoutfit und das Auswärtsdress in den Farben von Trikot, Hose und Stutzen benannt. Hierbei sind auch fixe Anstoßzeiten für die Heimspiele zu melden. Kurzfristige Abweichungen sind nur nach Absprache mit dem Gegner und Genehmigung des Staffelleiters möglich. Mein Ratschlag lautet, diese Zeiten nach Möglichkeit zu halten, um sich nicht selbst in Bredouille zu bringen. Die individuelle Planung des Privat- und Berufslebens lässt sich somit besser unter einen Hut bringen. Jeder erfahrene Trainer kennt das Dilemma, wenn aufgrund kurzfristiger Verlegung, die Schichten der Spieler getauscht werden müssen und bis zuletzt Ungewissheit besteht, welche Spieler zur Verfügung stehen. Bei der Festlegung der generellen Heimspielzeit, sollten alle Faktoren berücksichtigt werden. Man sollte die eigenen Anstoßzeiten, mit denen der anderen Teams des Vereins abstimmen, um sich die Option offen zu halten, mit Spielern der Reserve- oder Jugendmannschaft (in diesem Beispiel ausgehend von einer Ersten Herrenmannschaft) auffüllen zu können oder selbst Spieler zur Verfügung stellen zu können.

Beispiel: Heimspiel (Sonntag) 1. Herren: 15.00 Uhr
              Heimspiel (Sonntag) 2. Herren: 10.00 Uhr
              Heimspiel (Samstag) A-Jugend: 14.00 Uhr

In diesem Beispiel haben Sie aus organisatorischer Sicht gut geplant. Die Heimspieltermine Ihres Vereins ermöglichen es, dass die Spieler der Seniorenteams (sofern nicht festgespielt), sich gegenseitig in den Mannschaften aushelfen können. Die frühe Anstoßzeit des Reserveteams ermöglicht den Spielern dieser Mannschaft, rechtzeitig zum Treffpunkt der Ersten Herren anwesend zu sein. Die Einbindung von Jugendspielern ist möglich, da die Jugendspiele am Tag zuvor angesetzt sind.

Neben der organisatorischen Sicht - in Bezug auf die Anstoßzeit - sollte man ebenso den Biorhythmus des Menschen berücksichtigen. Der Biorhythmus besagt, dass die physische und intellektuelle Leistungsfähigkeit des Menschen bestimmten Rhythmen unterworfen sind. Gleiches gilt im Übrigen für den Gemütszustand. Der Mensch zeigt im Durchschnitt, über den Tag verteilt, eine schwankende Formkurve. Denken Sie einmal an Ihre eigene Leistungsfähigkeit. Sicherlich fühlen Sie sich am Vormittag fit. Dies hält an bis zum Mittag, wo Sie in das so genannte „Suppenkoma" fallen. Zu diesem Zeitpunkt fällt der Mensch in ein Formtief und ist weniger leistungsfähig. Überlegen Sie also genau, ob für Ihr Team eine generelle Anstoßzeit um 12.00 Uhr sinnvoll erscheint. Im Laufe des Nachmittags, steigt die Formkurve wieder an und es kommt am frühen Abend zu einem zweiten Leistungshoch, bevor Sie abends die Müdigkeit packt und sich Ihr Akku nach Schlaf sehnt, um Kraft zu tanken.

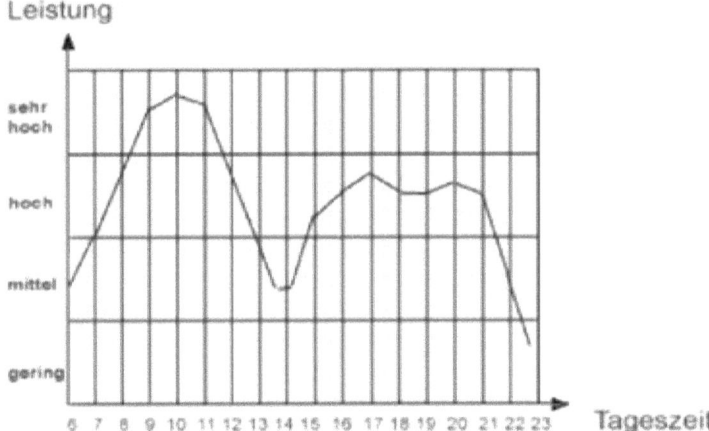

Abb. 11 Menschlicher Biorhythmus [3]

Treffpunkt

Planen Sie ausreichend Zeit ein. Bei Heimspielen sollte der Treffpunkt mindestens 1h 15 min vor Anpfiff erfolgen. Bei Auswärtsspielen muss der Treffpunkt, der Fahrtzeit zum Auswärtsspiel, angepasst werden. Mein Ratschlag lautet, die Zeit so zu planen, dass Sie 1h 15 min vor Anpfiff den gegnerischen Platz erreichen. Achten Sie auf die Disziplin Ihrer Spieler. Pünktlichkeit ist die Bringschuld Ihrer Spieler. Abweichungen hiervon sollten Sie im Keim ersticken. Wer unentschuldigt oder selbst verschuldet zu spät kommt, bis Sie mit der Spielbesprechung begonnen haben, der findet sich zumindest auf der Bank wieder.

Haben Sie genug Spieler zur Verfügung, so können Sie, als Abschreckung für die restlichen Spieler, den Spieler aus dem Kader streichen. Es gehört in Westeuropa zum guten Ton,

[3] REFA-Leistungskurve (in Seiwert: Life-Leadership, 1999)

dass sich die Teammitglieder zur Begrüßung die Hand reichen oder eine ähnliche Shake-Hand-Variation vollführen. Achten Sie auch in Ihrem Team darauf - das ist eine Sache des Respekts. Verfügt Ihre Mannschaft über ein Trainergespann, so sollten Sie vor Treffpunkt noch einige Minuten Zeit einplanen, um sich mit Ihrem Kollegen über die Aufstellung auszutauschen. Kommunikation ist auch im Trainergespann sehr wichtig und bildet die Grundlage für eine harmonische Zusammenarbeit. Von besonderer Bedeutung ist, dass das Trainergespann eine gemeinsame Sprache spricht. Vermeiden Sie, dass Sie von Ihren Spielern gegeneinander ausgespielt werden, so wie es kleine Kinder gerne mit Mama und Papa versuchen, um Ihren Willen durchzusetzen. Spieler überprüfen ihre Trainer, verbunden mit der Fragestellung: „Was kann der Trainer für mich tun?"

Spielbesprechung

Kurz nach dem Treffpunkt beginnen Sie mit der Spielbesprechung. Ich habe in der Vergangenheit oft erlebt, dass Trainer lapidar mit einer Besprechung verfahren sind. Eine Katastrophe! Diese Trainer lassen Ihre Spieler umziehen, sich im Anschluss selbst (oder durch den Mannschaftsführer) erwärmen, rufen Ihr Team kurz zusammen, verkünden mündlich die Aufstellung und der Anpfiff naht. Fail! Eine glatte 6 für den Trainer! Ihr Verein verfügt über einen Besprechungsraum? Nutzen Sie Ihn! Andernfalls findet die Besprechung in der Kabine statt. Während der Besprechung steht für die Spieler Wasser (auch isotonisch angereichertes Wasser), Apfelsaftschorle und Bananen zur Verfügung. Fakultativ können Sie Kaffee und trockenes Gebäck anbieten. Schaffen Sie eine angenehme Atmosphäre vor dem Spiel. Nicht Sie selbst müssen dafür sorgen. Lassen Sie Ihre Betreuer diese Aufgabe übernehmen. Alternativ können sich Ihre Spieler wechselseitig um die Organisation kümmern.

Die Spielbesprechung beginnt:
[Sie stehen auf. Sie sprechen laut und deutlich. Sie strahlen Entschlossenheit und Zuversicht aus, weisen eine ruhige Gestik und eine ausdrucksstarke Mimik auf. Sie stellen stets

die Stärken Ihres Teams in den Vordergrund, machen aber auch - auf sachliche Weise - auf Schwächen aufmerksam, reden dabei aber NIE negativ oder pessimistisch]

1. Sie beginnen mit einleitenden Worten zum Spiel.
2. Kurzer Rückblick auf das letzte Spiel: Was war positiv? Was war negativ?
   Nur Bullets, kein Kleinklein. Das Wesentliche zum zurückliegenden Spiel haben Sie bereits in der Trainingswoche besprochen und entsprechend daran gearbeitet.
3. Kurzer Rückblick auf die Trainingswoche: An welchen Schwerpunkten haben wir gearbeitet? Wie haben wir uns auf das Spiel taktisch/spielerisch vorbereitet?
4. Rahmenbedingungen: Wetter, Platzverhältnisse, Personalsituation (Ausfälle etc.).
   Frage in die Runde: Fühlen sich alle Spieler einsatzbereit? Erkältungen, Verletzungen? (Letzte Möglichkeit die Aufstellung kurzfristig zu ändern und anzupassen).
5. Das Hallo-Wach für die Spieler: Ich nutze dieses Mittel gerne, um mich zu vergewissern, ob meine Spieler voll aufnahmefähig für meine folgenden Ausführungen sind. Hierbei blicken Sie kurz in die Runde, wählen sich einen beliebigen Spieler aus und lassen Ihn zum anstehenden Gegner in aller Kürze vortragen.

   Muster: Trainer: Gegen wem Spielen wir heute, Stefan?
   Stefan: FC Musterhausen
   Trainer: Tabellensituation von uns und vom Gegner, Nils?
   Nils: Wir sind Erster. Unser Gegner ist auf Platz fünf.
   Trainer: Eigener Punktestand und Torverhältnis? Gleiches vom Gegner, Ali?
   Ali: Wir: 12 Punkte, 10:3 und der Gegner 6 Punkte 5:4.
   Trainer: Ergebnis des Gegners vom letzten

Spieltag, Maurice?
Maurice: 1:1.
Trainer: Wie lautet das Hinspiel-Ergebnis, Thomas?
Thomas: 2:1-Sieg.

[Muster beliebig gewählt]

Mit dem Hallo-Wach garantieren Sie, dass sich Ihre Spieler im Vorfeld mit dem Gegner beschäftigen und vermeiden, dass Ihre Spieler, ohne jegliches Wissen über den Gegner, in der Spielbesprechung sitzen. Das Bewusstsein, jederzeit angesprochen werden zu können, steigert die Konzentrationsfähigkeit der Spieler.

6. Gegner-Analyse: Es ist Ihre Pflicht, sich über Ihre Gegner zu informieren. Nutzen Sie dazu jedes Ihnen zur Verfügung stehende Medium. Ergebnisdienste, Zeitungsartikel, Internetpräsenzen, Statistikauswertungen, Gespräche und nicht zuletzt das persönliche Beobachten des Gegners. Informieren Sie sich stetig und aktuell über JEDEN Gegner, nicht nur über den kommenden Gegner.
Durch gezielte Spielbeobachtung des Gegners, gilt es, die für Sie wichtigen Infos zu filtern. Durch Überschneidungen bei Anstoßzeiten sind diese Möglichkeiten aber eingeschränkt, sodass es sich anbietet, einen Scout zum Spiel des kommenden Gegners zu entsenden.
Im Mittelpunkt der Spielbeobachtung steht die Eruierung der gegnerischen Grundordnung, des Spielaufbaus, des Verhaltens bei eigenem und gegnerischem Ballbesitz, des Umschaltverhaltens von Abwehr auf Angriff und andersrum, des Verhaltens bei Standardsituationen und des Verteidigungsverhaltens. Idealtypisch beginnt die Gegneranalyse bereits einige Spieltage vor Aufeinandertreffen, sodass Sie einen vielfältigeren Eindruck über den Gegner gewinnen können.
Diese Erkenntnisse können Sie wiederum in die taktische Ausrichtung Ihres Teams einfließen lassen. In den Trainingseinheiten vor dem Wettkampf,

können Sie Ihre Mannschaft durch gezielte Trainingssteuerung, auf den kommenden Gegner vorbereiten. Nachfolgend gilt es, die Gegnerinformationen nochmals für Ihre Spielbesprechung vor dem Spiel, zu analysieren und für Ihre Spieler auf das Wesentliche zu beschränken. Gerade in höherklassigen Ligen, eignen sich hierfür Videoanalysen.

7. Aufstellung: Visualisieren Sie! Nutzen Sie hierfür die Tafel. Verfügt Ihr Besprechungsraum über keine Tafel, so nutzen Sie eine Flipchart oder einen großen Zeichenblock. Taktische Anweisungen (Individualtaktik, Gruppentaktik, Mannschaftstaktik) können nur vollumfänglich verstanden werden, wenn Sie etwas aufzeigen. Das Visualisieren ist Teil Ihrer fachlichen Kommunikation zu Ihren Spielern. Mit Magneten können Sie zudem taktische Verschiebungen und mögliche Spielzüge darstellen und in Relation zur gegnerischen Aufstellung setzen. Die Spielbesprechung dient nicht dazu, den Fußball von Grund auf zu erklären, sondern dazu, zurückliegende Trainingsinhalte - in Bezug auf das Spiel - zu besprechen. Führen Sie die Namen Ihrer Auswechselspieler bei der Aufstellung unbedingt auf. Ich rate Ihnen, mit der Aufstellung bis zu diesem Zeitpunkt der Spielbesprechung zu warten. Die auserkorenen Auswechselspieler folgen Ihnen möglicherweise nicht mehr in Gänze und Sie blicken fortan in einige mürrische Gesichter. Mit unzufriedenen Spielern müssen Trainer leben. Jede Aufstellung geht mit Enttäuschungen von Auswechselspielern einher. Jeder Spieler hat das Verlangen, eingesetzt zu werden. Nicht alle Spieler reagieren verständnisvoll. Ihre Aufgabe ist es, unmittelbar mentale Aufbauarbeit zu leisten.

Beispiele

- „Auf der Bank halten sich jederzeit bereit: A, B, C und D. Euer Einsatz wird kommen.
Ihr seid genauso wichtig für das Team, wie alle Spieler in der Startformation […]"
- „Ich weiß, dass jetzt der ein oder andere enttäuscht ist, aber

meine taktische Ausrichtung für dieses Spiel gibt vor, dass […]" „Je nach Gegner kann es im nächsten Spiel schon wieder ganz anders aussehen […]"

- „Spieler A hat in dieser Woche eine tolle Trainingsleistung gezeigt. Deswegen hat er heute eine Chance verdient […]"

- „Spieler B hat vergangene Woche gezeigt, wie wertvoll ein Joker sein kann. Auch er ist von der Bank gestartet und hat letztendlich das Spiel für uns entschieden […]"

- „Im Rahmen der Rotation werden wir heute mit Spieler Z beginnen. Spieler X sitzt dafür heute zu Beginn erstmal auf der Bank und kommt im Laufe des Spiels zum Einsatz […]"

- „Der Gegner spielt sehr offensiv. Wir achten besonders auf den Topstürmer V. Sein Kettenhund wird heute T sein, den ich im Pokalspiel generell zum Einsatz bringen möchte […]"

8. Worte aus der Mannschaft: Formulieren Sie die Frage, ob noch jemand was zum Spiel sagen möchte. Eine motivierende Ansprache vom Teamkapitän kann positive Auswirkungen auf das gesamte Team haben.

Achten Sie darauf, dass die Spielbesprechung nicht zu lange dauert. In etwa können Sie 15 bis 20 Minuten einplanen. Die Aufnahmefähigkeit des Menschen ist begrenzt und die Konzentration lässt nach wenigen Minuten bereits nach. Verfahren Sie deshalb nach dem Grundsatz: So kurz wie möglich, so lange wie nötig. Im Anschluss verweisen Sie auf ein schnelles Umziehen. Nach 10 Minuten lassen Sie das Aufwärmen beginnen.

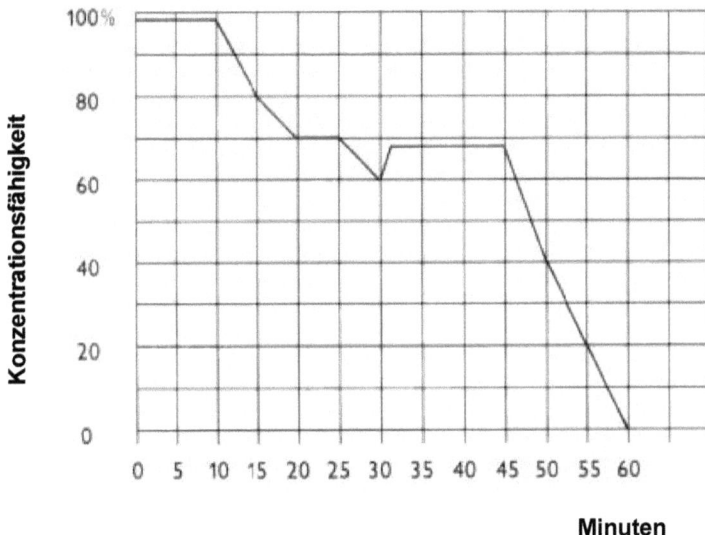

Abb. 12 Konzentrationsfähigkeit des Menschen [4]

Umziehen

Wählen Sie einen kurzen Zeitansatz. Ihre Spieler sind von nun an gut auf das Spiel vorbereitet. Die volle Konzentration ist auf das Spiel gerichtet. Privatgespräche über die letzte Nacht und SMS mit dem Lieblings-Bunny sind tabu. Laute Musik ist erlaubt. Ihre Spieler sollen sich motivieren, mental auf das Spiel einstellen sowie physische und psychische „Lockerheit" erlangen. Während des Umziehens Ihrer Spieler, beginnen Sie damit, die Aufwärmübungen aufzubauen.

Aufwärmen

Das Aufwärmen übernehmen Sie höchstpersönlich. Alternativ kann diese Aufgabe ihr Trainerassistent übernehmen. Der

---

[4] REFA-Leistungskurve Konzentraionsfähigkeit (in Seiwert: Life-Leadership, 1999)

Captain übernimmt diese Aufgabe nicht, wohlwissend dass Trainer diese ungeliebte Aufgabe gerne übertragen. Ihr Captain soll sich ebenfalls voll auf das anstehende Spiel konzentrieren. Er soll anderweitig Verantwortung übernehmen, ist aber nicht für Ihre Aufgaben verantwortlich. Belasten Sie Ihren Captain nicht mit Zusatzaufgaben, denn er soll im Kopf frei und im Körper aufgewärmt, in das Spiel starten können.

Merksätze zum Aufwärmen:

> ➢ Das Aufwärmen als Techniktraining am Ball nutzen (Pärchen, Kleingruppen)

> ➢ Die vorhandene Zeit effektiv nutzen

> ➢ Den Spielern möglichst viele Aktionen am Ball ermöglichen (Passspiel, kurzes Spiel (5:5) auf engstem Raum)

> ➢ Das Aufwärmen standardisiert halten (fester Ablauf, gleiche Übungen)

> ➢ Den Torschuss erst nach einer ersten Aufwärmphase durchführen.

Nutzen Sie die Möglichkeit, während des Aufwärmens einzelne Spieler oder Mannschaftsteile, zum Einzelgespräch zu bitten. Ausgestattet mit einer kleinen Taktiktafel, können Sie Ihre Spieler mit taktischen Informationen versorgen, die Sie in der Spielbesprechung noch nicht angesprochen haben und dabei auf besondere Aufgaben hinweisen.

<u>Einfinden in der Kabine</u>

Wenige Minuten vor dem Spielbeginn findet sich das Team geschlossen in der Kabine ein. Für Sie bietet sich noch einmal die Möglichkeit, die Kernbotschaften der Spielbesprechung zu unterstreichen. Alle Teammitglieder sind vertreten. Das gilt auch für Ersatzspieler, verletzte Spieler und Betreuer. Die Spielerkluft wird ein letztes Mal gerichtet, einen Schluck

Wasser aus der Trinkflasche genommen und Sie haben noch einen kurzen Auftritt. Schwören Sie Ihr Team auf das Spiel ein. Lassen Sie Ihr Team aufstehen, bilden Sie einen Kreis, stecken Sie die Köpfe zusammen, erheben Sie motivierend Ihre Stimme und geben letzte Anweisungen und dann geht es los. Das Einlaufen beginnt.

Das Spiel beginnt – Das Coaching

Das Spiel beginnt. Ab jetzt ist Ihre Einflussnahme auf Ihr Team eingeschränkt. Von der Außenlinie können Sie von nun an 90 Minuten + X coachen. In brenzligen Situationen greifen Sie gezielt steuernd ein, motivieren und muntern auf. Die Unterschiede zwischen verschiedenen Trainer sind dabei oft erstaunlich groß. Ich möchte diese Coaching-Typen kategorisieren, so wie ich es zu Beginn des Buches mit den „Trainer-Typen" angewandt habe und dabei auch wieder ironische Einflüsse einbauen, ohne hierbei die Ernsthastigkeit zu verlieren.

Typ 1 – „Der Super-Trainer"

Idealtypisch haben Sie Ihr Team auf das Spiel eingestimmt, es bedarf nur der einen oder anderen taktischen Hilfestellung oder spielspezifischen Anmerkung.
Der Super-Coach kennt die Charaktere seiner Spieler und ist in der Lage, sein Coaching diesen Charakterzügen anzupassen. Spieler A schießt mit seiner Leistung durch die Decke, wenn er von der Außenlinie gepusht wird. Spieler B muss hingegen hin und wieder mal aufgeweckt werden, damit er die Abseitsstellung nicht aufhebt. Spieler C ist oft übermotiviert und überhart in den Zweikämpfen. Jederzeit motiviert Super-Coach sein Team, indem gelungene Aktionen lobt, bei misslungenen Aktionen aufmuntert und sein Team verbal wachrüttelt, wenn der Spielfluss aus dem Ruder läuft. Für die mentale Situation Ihrer Spieler ist es von besonderer Wichtigkeit, dass Sie einen größeren Anteil Lob verteilen, als Tadel. Kein Spieler begeht mit Absicht einen Fehler. Es ist davon auszugehen, dass sich ein Spieler über die misslungene Aktion bereits genug ärgert. Der Tadel des

Trainers verursacht, zusätzlich zur eigenen Enttäuschung, auch noch Wut. Diese Wut wirkt sich dann wiederum negativ auf die weitere Leistungsfähigkeit des Spielers aus. Die Ausprägung kann in zwei Richtungen ausschlagen. Entweder der Spieler ist verunsichert, eingeschüchtert und demotiviert oder übermotiviert, unvorsichtig oder gar aggressiv. Auf individuelle Fehler können Sie in der Halbzeitpause ausführlich aufmerksam machen. Kurze, konstruktive Kritik auf dem Platz ist natürlich möglich. Auf ein „Anprangern" sollte verzichtet werden.

<u>Typ 2 – „Der Rohrspatz"</u>

Allzu kritische Trainertypen sind in der heutigen Zeit unbeliebt. Der folgende Trainer ist „der Rohrspatz". Wir alle kennen ihn. Der Rohrspatz, der das ganze Spiel kommentiert. Negativ, versteht sich. Er ist bereits nach der 1. Halbzeit heiser und glaubt, dass er seinem Team hilft, indem er dauerhaft Druck ausübt. Dabei sind selbst die Zuschauer und gegnerischen Spieler genervt vom Geschrei des Cholerikers am Seitenrand. Ausgenommen sind ein paar alte Männer mit Stock und Hut, die die Mannschaftsführung, mit Zucht und Ordnung, positiv begründen. Sie als Leser des Buches verstehen sich als moderner Trainer, mit modernen Spielern. Bevor Sie Ihre Spieler fachlich erreichen können, müssen Sie Ihre Spieler menschlich erreichen. Der moderne Trainer - mit ausgeprägter Menschenkenntnis - ist sich dieser Situation bewusst. Konstruktive Kritik wird auch von jungen Menschen angenommen. Der Umgang mit Autoritäten wird nicht gehandhabt, wie in früherer Zeit. Heute werden Autoritäten angezweifelt und müssen sich dauerhaft neu beweisen. Während eine Autorität früher unantastbar war, findet heute ein dauerhaftes Status-Spiel zwischen Autoritäten und Untergebenen statt. Denken Sie dabei an die Rolle des Lehrers in der Schule. Wenn es früher, in der „Generation Rohrstock", Ärger in der Schule gab, so konnten die Kinder zu Hause noch einmal mit Ärger in doppelter Ausführung rechnen, während heute den Lehrern bei der kleinsten Kleinigkeit mit einer Anzeige gedroht wird, nachdem die Eltern, schon wenige Minuten nach dem Vorfall, vorm Lehrerzimmer parat stehen.

Junge Menschen möchten mitbestimmen. Sie möchten demokratisch geführt werden. Dazu gehört ein Umgangston, der selten von der Zimmerlautstärke abweicht. Anders ist es bei motivierendem und taktischem Coaching. Verteilen Sie Lob bis zum Abwinken. Hier gibt es nur eine Auflage: Das Lob muss ehrlich gemeint sein. Taktischen Ansprachen müssen ohnehin schon laut sein, damit alle Spieler auf dem Spielfeld erreicht werden. Es gibt Teams mit begrenzten sportlichen Mitteln, die von der Motivation Ihres Coaches leben - der Sie immer wieder aufs Neue belobigt, aufmuntert, anpeitscht, aufbaut. Oft verfügen diese Mannschaften über einen herausragenden Mannschaftsgeist und sind zusätzlich noch überaus erfolgreich. In diesem Fall kommt Ihnen als Trainer – in Bezug auf Ihr Verhalten - eine besondere Rolle zu. Das Team ist in diesem Fall fixiert auf seinen Trainer. Umso bedachter müssen Sie in diesem Moment handeln, da sich Ihr Verhalten exorbitant auf das Team auswirkt.

Typ 3 - Der Silencer

Auf der anderen Seite gibt es das gegenteilige Phänomen, welches ich als „den Silencer" bezeichne. Hierbei handelt es sich um die ruhigen und stillen Trainer, die eigentlich gar nichts sagen und schier apathisch auf der Trainerbank verharren, bis das Spiel vorbei ist. Als Folge daraus haben diese Trainer Ihr Team ganz allein Ihrem Schicksal überlassen. Diese Art Trainer hat es verpasst, sein Team - durch gezieltes und hilfreiches Coaching – zurück in die Spur zu verhelfen und auf die Siegstraße zu bringen. Generell haben die Silencer wenig Einfluss auf Ihr Team. Wir erinnern uns an den Grundsatz der Interaktion, nämlich die Kommunikation.

Typ 4 - Der Sunshine-Coach

Dieser Trainertyp ist jederzeit in der Lage sein Team zu motivieren, wenn das Spiel für seine Mannschaft nach Plan verläuft. Richtig, wenn es - nach Plan - verläuft. In kritischen Situationen wird er zum Silencer und überlässt das Spiel seinem Schicksal. Kritik wird nicht geäußert, was ihm innerhalb des Teams zu einem sympathischen Typen macht, der allerdings wenig Respekt erntet.

Für und Wider des Coachings

Das Für und Wider des Coachings muss sorgfältig abgewogen werden. Generell soll Ihr Coaching den Spielern eine Hilfe sein. Nicht immer wird Ihr Eingreifen von Ihren Schützlingen als Hilfe empfunden. Deshalb müssen Sie in jedem Fall das berühmte „Fingerspitzengefühl" beweisen. Während Lob und Anerkennung bei jedem Spieler gut ankommt, da das Selbstwertgefühl erhöht wird, was wiederum zu höherer Motivation führt, können Traineranweisungen während des Ballbesitzes, als wenig hilfreich interpretiert werden. Was zunächst einmal als gut gemeinter Rat von Trainerseite aufgefasst werden sollte, kann die Kreativität und Freiheit des Spielers schnell einschränken, da beim Spieler ein innerer Konflikt zwischen Ihrer Lösungsvorgabe und der Lösungsidee des Spielers entsteht. Gleiches gilt für zu starre Trainervorgaben. Diese beeinträchtigen Ihre Spieler dahingehend, dass Sie Ihrer „Freiheit" beraubt werden und weniger selbstständig handeln, um die Vorgaben des Trainers zu erfüllen, um am Ende nicht „bestraft" (=ausgewechselt) zu werden - was beim Spieler im schlimmsten Fall zu einer völligen Blockade führt. Fördern Sie deshalb kreative Lösungen Ihrer Spieler und geben Sie Ihnen einen Rahmen für Eigenständigkeit. Schnüren Sie Ihre Spieler nicht in ein zu enges Korsett aus Vorgaben. Errichten Sie keine künstliche Wand, die die volle Potentialausschöpfung Ihrer Sportler verhindert. Spieler müssen die Freiheit haben. Sie brauchen die Freiheit, auch einmal Fehler machen zu können und daraus zu lernen, die Freiheit sich persönlich zu entwickeln, die Freiheit hart (an sich) zu arbeiten und auch die Freiheit, sie selbst zu sein.

Da die Aufnahmefähigkeit der Spieler während des Spiels ohnehin begrenzt ist und zusätzlich durch Nebengeräusche gestört wird, empfehlen sich kurze und knappe Anweisungen sowie abgesprochene Handzeichen. Bei Spielunterbrechungen können Sie zudem einen Spieler zum kurzen Einzelgespräch zu sich rufen. Sofern Ihnen ein unbegrenztes Wechselkontingent zur Verfügung steht (meist im Juniorenbereich oder in den unteren Seniorenklassen), so nutzen Sie auch das Auswechseln als Coaching-Variante. Im ruhigen Einzelgespräch erörtern Sie Ihrem Spieler gewisse Sachverhalte, die Sie von Ihm im Spiel erwarten und ermöglichen dem Spieler, im weiteren Spielverlauf, die Chance zur praktischen Umsetzung Ihrer Ausführungen, indem Sie ihn wieder einwechseln. Ohnedies erreichen Sie bei Ihren Spielern mehr, wenn Sie mit Ihnen individuell kommunizieren. Informationen, Korrekturen und Einschätzungen können präziser ausgetauscht werden. Zudem wird ein Brüskieren des Spielers vor der Gruppe verhindert. Verzichten sollten Sie auf permanentes Kommentieren des Spiels sowie auf das Hineinrufen von belanglosen Details („Und schon wieder spielst du einen Fehlpass"). Bezüglich Ihres Coachings bietet es sich zudem an, sich ein Feedback aus der Mannschaft zu holen. Nicht selten wird Ihr Einwirken von den Spielern anders aufgefasst, als von Ihnen selbst. Bedenken Sie diese Tatsache! Nur so können Sie Ihr Verhalten am Spielfeldrand reflektieren. Immerwährend müssen Sie Ihre Emotionen kontrollieren können und als Vorbild auftreten, denn besonders Ihre Emotionen sind es, die Ihre Spieler verstärkt auf dem Spielfeld wahrnehmen. Demzufolge kann Ihr Verhalten auf Ihre Spieler übertragen werden. Achten Sie also darauf, positiv in Erscheinung zu treten.

Halbzeitpause

Besteht die Möglichkeit, die Kabine aufzusuchen, so nutzen Sie diese Gelegenheit. Die Halbzeitansprache ist eine mannschaftsinterne Angelegenheit, die keine Außenstehenden zu interessieren hat. Andernfalls suchen Sie sich eine stille Ecke auf dem Sportgelände. Während der Halbzeitpause befinden sich die Ersatzspieler auf dem Spielfeld zur Erwärmung. Ihre Betreuer befinden sich beim Team! Zunächst werden die Spieler mit Getränken versorgt. Gönnen Sie Ihren Spielern zunächst etwas Ruhe. Die Spieler müssen mental herunterkommen. Anschließend beginnen Sie mit der Besprechung. Der Inhalt ist flexibel, je nach Spielverlauf zu gestalten. Auch die Spieler können zu Wort kommen und ihre eigene Leistung reflektieren. Das fördert die Kommunikation. Jedoch ist es Ihre Aufgabe, zu einem positiven Abschluss zu kommen und die Spieler frohen Mutes zurück auf das Spielfeld zu schicken.

Spielende und Kurzbriefing

Nach dem Abpfiff sollte das sportliche Shake-Hands mit den gegnerischen Spielern und Schiedsrichtergespann vollzogen werden. Im Anschluss daran rufen Sie das Team für eine Kurzbesprechung zusammen.
Exempel: *„Männer, das war ein super Spiel von euch. Der Sieg geht absolut in Ordnung. Auch in der Höhe. Besonders freut mich, dass wir alle im Training beübten Schwerpunkte im Spiel umgesetzt haben. An diese geschlossene Mannschaftsleistung können wir anknüpfen. Ich bin stolz auf euch."* Begrüßt eure Freunde und Familien. Wir sehen uns in 15 Minuten in der Kabine."

Im Anschluss an das Briefing besteht für Sie die Möglichkeit, zum Pressegespräch beziehungsweise Telefonat mit der Presse. Als Trainer sollten Sie zudem empfänglich für Gespräche mit den Zuschauern sein. Zeigen Sie sich nahbar und nutzen Sie Gelegenheiten zum Small-Talk. Beliebtheit beim Publikum wird sich in jedem Fall positiv, auf die Wahrnehmung des 12. Mannes, in Bezug auf Ihre Person auswirken. Des Weiteren machen Sie den Zuschauern eine Freude, denn Sie können davon ausgehen, in deren Augen ein kleiner Promi zu sein. Schließlich erscheinen die Fans zu jedem Heimspiel und verfolgen Sie auf Schritt und Tritt. Sie können sicher sein, dass der Small-Talk mit dem alten Mann aus Block F, mit Sicherheit Gesprächsthema in der Fußball-Veteranen-Runde, am Tresen der Stadionkneipe, sein wird. Wohl wissend, dass früher alles besser war, werden Sie von den Veteranen somit trotzdem als ein angenehmer Zeitgenosse abgestempelt.

Einfinden in der Kabine (MAB)

Zum Tagesabschluss trifft sich die Mannschaft in der Kabine oder an einem gemeinsamen Tisch in der Stadiongaststätte zum Mannschaftsabschlussbier (MAB). Getrunken werden kann, was gewünscht ist oder was gesponsored wird. Es geht um das Miteinander nach dem Spiel. Die Teammitglieder verbringen noch einmal eine Bierlänge Zeit miteinander, um sich über das Spiel auszutauschen. Friktionen unter Teammitgliedern können unmittelbar und kameradschaftlich aus der Welt geschafft werden. Nach dem kurzen Sit-In ist der Spieltag offiziell beendet und jeder kann seiner Wege gehen. Natürlich besteht die Möglichkeit, noch auf der Sportanlage zu verharren. Für Sie steht die folgende Zeit nach dem offiziellen Ende ebenfalls zur freien Verfügung. Sie verabschieden sich von allen Spielern per Handschlag und verweisen freudig auf die nächste Trainingseinheit.

Die nächsten Trainingseinheiten

Mir ist bewusst, dass ich Sie mit jeder Menge Informationen überflutet habe. Sicherlich stimmen Sie mir zu, wenn ich behaupte, dass ein Trainer besser eine Krake sein sollte. Mit acht Armen lassen sich, im Multitasking, die zahlreichen Aufgaben besser erledigen. Auf Ihr Zeitmanagement als Coach und die Prioritätensetzung kommen wir in einem späteren Kapitel zu sprechen. Dort möchte ich Ihnen, als die eierlegende Wollmilchsau, Tipps und Tricks näherbringen, damit Sie weiterhin mit zwei Armen hantieren können. Sie haben mit Ihrem Team das erste Pflichtspiel gewonnen. Mund abputzen und weiter gehts. Oft kommt es einem so vor, dass man sich über einen Sieg kaum freuen kann. Schließlich ist nach dem Spiel bereits wieder vor dem folgenden Spiel. Als Trainer fährt man eine hohe Schlagzahl – immer und jederzeit. Einem Spieler wird ein schlechter Tag schnell verziehen. Als Trainer wiederum können Sie sich nur eine streng limitierte Anzahl schlechter Tage erlauben, bevor Sie Ihre Mannschaft „verlieren". Sie werden auf Schritt und Tritt beobachtet. Von Ihnen wird jederzeit Topleistung verlangt.

„Wer aufhört besser zu werden, hat aufgehört gut zu sein"

(Eduard Möricke)

Es liegt an Ihnen, Ihr Team allzeit zu fordern und zu fördern. Erster Anlaufpunkt ist dabei immer das Training. Erinnern Sie sich an die Aufgaben und Ziele eines Trainers in den Anfangskapiteln. Setzen Sie Reizpunkte. Ihre Spieler müssen immer wieder an Ihr Leistungslimit gebracht werden. Erweitern Sie Ihre Trainingsziele vom Einfachen zum Schweren, vom Banalen zum Anspruchsvollen. Nur, wenn Ihre Spieler an die Grenzen Ihrer Leistungsfähigkeit gebracht werden, können sie besser werden. Ihre Spieler sind bereit zu wachsen. Mit komplexen Übungen sorgen Sie dafür, dass Ihre Athleten physisch und psychisch gefordert werden. Verdeutlichen Sie Ihren Spielern, dass sie nicht perfekt sein müssen, aber sich an den Handshake-Deal mit Ihnen halten sollen. Ihre Spieler sollen das sportliche Selbstverständnis aufweisen, dass sie die Besten sind, die sie sein können und dass die Sportler nie ihre Bequemlichkeit vor ihre Leistungsfähigkeit stellen.

Über Konstanz

„Stillstand ist Rückschritt"

(Rudolf von Bennigsen-Forder)

An dieser Stelle müssen wir über das Thema „Konstanz" sprechen. Ich habe es als Spieler bereits mehrfach am eigenen Leib erfahren, dass ein Trainer zu Beginn der Saison losgelegte, wie die Feuerwehr. Mit großem Enthusiasmus in die neue Saison gestartet, eine anspruchsvolle und fordernde Vorbereitung absolviert, setzte mit dem Trainingsalltag nach Saisonbeginn, schnell die Ernüchterung ein. Den Trainern ging schlichtweg die Luft aus. Ihr Repertoire an Trainingsübungen war aufgebraucht. Sämtliches Pulver verschossen. Die Trainingseinheiten waren einem Ödland gleich. Keine Abwechslung und keine Kreativität. Schon beim Aufbau war man sich dessen bewusst, dass man die gleichen Übungen durchführen würde, wie bereits vor drei Wochen schon einmal. Die folgenden Erörterungen zur Übung hätte sich der Übungsleiter auch sparen können. Genau genommen taten dies tatsächlich einige Trainer. „Die Übung ist bereits vielen bekannt. Ihr wisst ja, was zu tun ist", war gerne eine plakative Anmerkung des Durchführenden.

Als verantwortungsbewusster Trainer - mit einem hohen Anspruch an sich selbst - achten Sie darauf, dass Sie durch abwechslungsreiches Training, stetig zwischen klassischen und innovativen Trainingsinhalten kombinieren. Ich finde es als Trainer äußerst wichtig, offen für neue Ideen zu sein. Übungen, die sich bereits in der Vergangenheit bewährt haben, sollten unbedingt weiter angeboten werden. Allerdings sollte sich der Trainingszyklus, bereits absolvierter Trainingsübungen, erst wieder nach mehreren Monaten wiederholen. Durch Selbststudium und Teilnahme an Aus- und Weiterbildungen für Übungsleiter, erhalten Sie Denkanstöße und neue Ideen. Nutzen Sie die in einer großen Vielzahl vorhandenen Möglichkeiten der neuen Zeit, um sich selbst besser zu machen.

„Wer nicht mit der Zeit geht, geht mit der Zeit"

(Friedrich Schiller)

In diesem Zitat steckt viel Wahrheit. Verlieren Sie nicht die Anerkennung Ihrer Spieler, indem Sie sich wenig kreativ und innovativ präsentieren. Wecken Sie die Neugier Ihrer Spieler, lösen Sie Bewunderung und das Funkeln in ihren Augen aus, indem Sie jedes Training aufs Neue Ihren „großen Auftritt hinlegen". Einen guten Trainer zeichnet die Konstanz aus. Der gute Trainer ist in der Lage, seinen Sportlern über die gesamte Saison, ein qualitativ gutes und quantitativ variierendes Training anzubieten. Warum scheitern aber so viele Trainer an dieser Hürde? Die Gründe hierfür sind vielfältig. Werfen wir einen Blick auf die drei letzten Zitate, so ist es oft das fehlende Selbstverständnis und der mangelnde Anspruch an sich selbst, der die Trainer scheitern lässt. Als Trainer darf man nie ruhen. Auf Heldentaten der

Vergangenheit dürfen Sie sich nicht ausruhen, sonst werden Ihnen die bereits vorgeschossenen Lorbeeren vor den eigenen Augen aufgegessen und ist der Vorrat aufgebraucht, so stehen Sie mit leeren Händen da.

Als Konsequenz daraus, legitimiert Sie ein gelungenes Training nicht dazu, im nächsten Training die Zügel schleifen zu lassen. Betrachten wir die vorhergehenden Zitate, so habe ich dieses Problem, insbesondere bei Übungsleitern fortgeschrittenen Alters, erlebt. Die Trainingsmethoden waren längst veraltet und der Wille, sich neuen Spielsystemen zu widmen, wie beispielsweise der Viererkette, Wechsel von Mann- auf Raumdeckung, war nicht vorhanden. In jeder Hinsicht offenbarten die grauen Eminenzen ihre Beratungsresistenz. Die mangelnde Bereitschaft, sich den Gegebenheiten der Zeit anzupassen, hat dazu geführt, dass die Trainer mit der Zeit gegangen sind. Besser gesagt, „gegangen wurden".

Erinnern wir uns an diesem Punkt noch einmal an die „Trainer-Typen" zurück, so führen die in diesem Kapitel genannten Beispiele zu eklatanten Mängeln in der Fachkompetenz. Die anderen Gründe des Scheiterns liegen in der Sozialkompetenz. Schwächen zeigen sich hier in der mangelnden Kommunikation, fehlende Empathie, mangelndem Verständnis, fehlender Menschenkenntnis und Kongruenz sowie falschem Führungsstil. Die Kombination aus schwacher Fach- und Sozialkompetenz führt zwangsläufig zu einer kurzen Haltwertzeit eines Trainers. Erinnern Sie sich an die Waage der Trainer-Typen. Präsentieren Sie sich wachsam. Genießen Sie den Moment im Erfolgsfall, jedoch verfallen Sie nie in Selbstzufriedenheit.

Mit einem Zitat von mir selbst, welches kontemporär meine persönliche Einstellung ist, möchte ich zum nächsten Kapitel überleiten, welches Ihnen als Hilfestellung für Ihre Trainingsgestaltung dienen soll.

Innere Einstellung: „Trainer sein ist kein Beruf(Hobby), sondern Berufung"

Die soziale Interaktion

„Fußball vermittelt Zusammenhalt, gemeinsamen Spaß und sorgt für die Interaktion mit anderen Menschen"

(Navina Omilade)

Im Allgemeinen bezeichnet dieser Begriff das aufeinander bezogene Handeln oder Beeinflussen zwischen Personen, die aufeinander reagieren, miteinander umgehen, einander beeinflussen und steuern. Interaktion kann zwischen zwei Parteien (Trainer – Spieler) oder auch einer Gruppe stattfinden (Trainer – Mannschaft; Spieler untereinander). Die Hautrolle in der Interaktion spielen aber Sie. Ähnlich wie bei Kindern, die das Verhalten Ihres Lehrers oder Ihrer Eltern nachahmen, reagieren Ihre Spieler im besonderen Maße auf Ihr Verhalten. Folglich haben Sie innerhalb des Teamrahmens die größten Einflussmöglichkeiten auf Ihre Spieler. Die soziale Interaktion ist als erfolgreich zu bewerten, wenn die von Ihnen beabsichtigte Wirkung eintritt. Damit soziale Interaktion funktionieren kann, bedarf es einer erfolgreichen Kommunikation.

Über die Rolle der Kommunikation

Die Kommunikation ist ein wichtiges Thema. Wir würden uns einige Konflikte und Missverständnisse ersparen, wenn wir unseren Gegenüber einfach fragen würden, was genau er eigentlich meint. Wir hören oder lesen oft darüber, wie wichtig eine gute Kommunikation ist, egal ob auf der Arbeit, in der Familie, im sozialen Leben oder mit dem Partner. Aber berücksichtigen wir dabei wirklich immer alles, was der Kommunikationsprozess mit sich bringt? Wir vergessen, wie wichtig es ist, mit anderen auf klare und ehrliche Weise zu kommunizieren. Mit Hilfe dieses Kapitels möchte ich Sie für das Thema sensibilisieren und die enorme Bedeutung veranschaulichen.

Bedenken Sie: Kommunikation ist die Voraussetzung für die soziale Interaktion mit Ihren Spielern.

Unter dem Begriff „Kommunikation" verstehen wir den Austausch von Mitteilungen zwischen Individuen mit folgenden Komponenten:
- Wer
- Sagt was
- Zu wem
- Womit
- Durch welches Medium
- Mit welcher Absicht
- Mit welchem Effekt. [5]

„Man kann nicht nicht kommunizieren"

(Paul Watzklawik)

Die Kommunikation unterteilt sich in die verbale (sprachliche) und nonverbale (nichtsprachliche) Kommunikation. Dabei werden Reize vom Sender (Trainer) zum Empfänger (Spieler) übermittelt. Als Trainer sollten Sie die Instrumente wirksamer Kommunikation kennen und erfolgreich einsetzen. Rufen Sie sich immer wieder ins Gedächtnis, dass Kommunikation wichtig für den Aufbau von Beziehungen und Vertrauen ist. Um genau diesen Effekt zu erzielen, nämlich Vertrauen aufzubauen, muss sich ein Trainer für seine Spieler interessieren und auf die Spieler eingehen. Suchen Sie immer wieder das Gespräch mit Ihren Spielern, egal ob in der Gruppe oder im Einzelgespräch. Sprechen Sie auch unbedingt über Privates. Schließlich wollen Sie Ihre Spieler als Ganzes sehen und verstehen. Mit dem Blick über den Tellerrand fällt es Ihnen leichter, Ihre Spieler im Gesamtkontext zu bewerten. Nicht selten werden private oder berufliche Probleme mit auf den Sportplatz gebracht. Aufgrund Ihres Hintergrundwissens sind Sie in der Lage, ein ungewöhnliches Verhalten Ihrer Spieler im Gesamtzusammenhang einzuordnen und entsprechend darauf einzuwirken

[5] Laswell, Harold D: The structure and function of communication in society, 1948

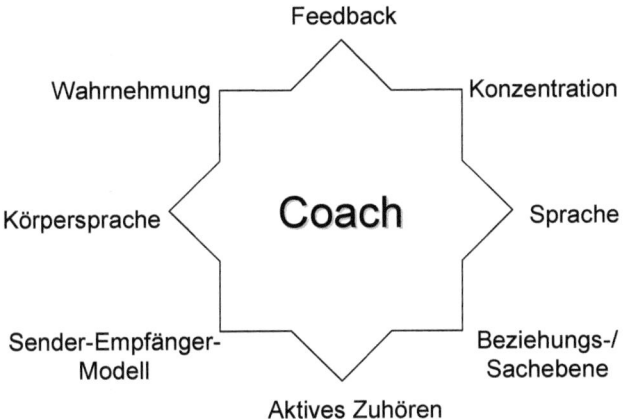

Abb. 13 Instrumente der Kommunikation

Die selektive Wahrnehmung der Kommunikation

Eine Grundregel der Kommunikation besagt, dass der Empfänger immer hört, was er oder sie hören will. Wir haben das schon oft bei uns selbst erlebt. Eigene Erfahrungen und Einschätzungen können nahezu jede gesprochene Aussage völlig verändern, da sie die Wahrnehmung stark beeinflussen. So kann ein gut gemeinter Rat schnell zu einer handfesten Kritik werden. Eine einfache, unbedeutende Bemerkung, kann zu einer konfliktbeladenden Aussage erwachsen. Sie wissen aus eigener Erfahrung, was ich meine.
Beachten Sie also immer, dass das gesprochene Wort, welches Sie Ihrem Spieler übermitteln möchten, nicht unbedingt genauso von der Person gehört wird, wie Sie es wünschen. Hinterfragen Sie Ihre Formulierung oder fragen Sie nach, was Ihr Gegenüber verstanden hat. Dies gilt insbesondere bei Konflikt- und Feedbackgesprächen.

Beispiel

Trainer: „Du hast in den letzten Wochen ganz schön zugelegt."
Spieler: „Nein, ich bin nicht dicker geworden."

Die Intention des Trainers war es, seine Wertschätzung der gezeigten Leistung seines Spielers zu vermitteln. Sei es, dass der Spieler ein besseres Leistungsvermögen erworben hat, fitter oder muskulöser geworden ist.

Der Spieler interpretierte daraus jedoch Kritik an seinem Körperbau. Beachten Sie also immer, wie Ihr gesprochenes Wort von Ihrem Gegenüber aufgefasst wird.

Körpersprache

Wie ich bereits erwähnte, kommuniziert der Mensch auch nonverbal. Dieser Funktion sind sich die meisten Menschen nicht bewusst. Zählen Sie ebenfalls zu diesen Menschen, so rate ich Ihnen, sich von nun an intensiv mit diesem Thema zu beschäftigen, denn hierzu nenne ich Ihnen die Fakten: Laut Untersuchung des Allensbach-Instituts, macht die Mimik und Gestik 55 Prozent der Kommunikation aus, 26 Prozent die Stimme und nur zu 19 Prozent der fachliche Inhalt. Die Kombination von Körpersprache und Stimme macht also über 80 Prozent Ihrer Kommunikation aus. Eine ganze Menge, gemessen daran, wie sehr es uns eigentlich nur bewusst ist. Ganze Bücher werden über Körpersprache geschrieben und es würde den Rahmen meines Buches sprengen, wenn wir zu tief ins Detail einsteigen.

Deswegen möchte ich mit Ihnen lediglich auf die Schwerpunkte eingehen. Die Körpersprache ist für Ihr Auftreten besonders wichtig, weil Sie Ihre gesprochenen Worte unterstützen und verstärken. Als Trainer sind Sie jederzeit im Mittelpunkt des Geschehens. Nutze Sie Ihre Körpersprache beim Erklären von Übungen, bei der Spielbesprechung, beim Theorietraining und während des Coachings im Spiel. Nutzen Sie Ihre Körpersprache überall.

Körpersprache unterteilt sich in Mimik (Ihr Gesicht) und Gestik (Ihre Hände, Arme, Beine, Ihr Rumpf, Ihr Kopf und Ihre Füße). Wählen Sie die Intensität Ihrer Körpersprache anlassbezogen, je nach Wichtigkeit.

Beispiele positiver Körpersprache

- Fingerkuppen einer Hand ineinander Pressen → eine Aussage unterstreichen

- Mit den Händen ein Zelt bauen → Zuversicht und Selbstvertrauen ausstrahlen

- Die Hände reiben → Zufriedenheit ausstrahlen

- Breitbeiniger Stand → Durchsetzungsvermögen, Sicherheit, Selbstbewusstsein

- Blickkontakt zum Auditorium → Aufmerksamkeit zeigen, „alle ansprechen"

- Hände gefaltet, Daumen nach oben (im Sitzen) → positives Denken, Überzeugung und Zuversicht ausstrahlen

- Oberkörper nach vorne lehnen → Aufmerksamkeit und Interesse zeigen

- Hinter dem Kopf verschränkte Hände (im Sitzen) → dominantes Verhalten (die so genannte „Cobra")

- Gespreizte Finger, auf einem Tisch(o.ä.); abstützend → Souveränität, Dominanz

- Augen öffnen, Kopf leicht zur Seite drehen und nicken → Anerkennung zeigen

Beispiele negativer Körpersprache

- Fingernägel kauen; schnelles Blinzeln, ständiges ins Gesicht fassen → Nervosität

- Schultern hochziehen; Kopf senken → Unsicherheit, mangelndes Selbstbewusstsein

- Stirnrunzeln; verkniffener Blick → Unbehagen

- Abfälliges Grinsen, dabei leicht über die Schulter guckend → Respektlosigkeit

- Ineinander verschränkte Hände → Unwohlsein, Stress, Nervosität

- Verschränkte Arme → Unbehagen

- In die Knie gehen (= sich klein machen) → Unsicherheit, Unbehagen, Angst

Konzentration und aktives Zuhören

Mit Konzentration ist nichts anderes gemeint, als die willentliche Fokussierung der Aufmerksamkeit auf den Gesprächspartner und den Gesprächsinhalt. Beim aktiven Zuhören halten Sie Blickkontakt mit Ihrem Spieler, lassen ihn aussprechen, ohne dabei zu unterbrechen. Durch Kopfnicken und bestätigende Laute („ja", „hm") unterstreichen Sie Ihre Aufmerksamkeit. Die Fähigkeit des Zuhörens ist sehr wichtig, wird aber nur allzu oft unterschätzt. Nehmen Sie die Informationen aus dem Gespräch auf, werten die relevanten Informationen für sich selbst aus und reden im Anschluss darüber.

Beziehungs- und Sachebene

Diese beiden Ebenen finden bei einer Kommunikation immer statt.

Sachebene – „Was äußern wir zum Thema?"
Beziehungsebene – „Wie stehen wir zueinander?"

Die Beziehungsebene ist in Ihrem Fall klar vorgegeben. Sie sind der Trainer und somit die Autorität. Ihre Gesprächspartner sind Ihre Sportler. Damit Ihre Worte bei Ihren Spielern ankommen, muss die Beziehungsebene intakt sein. Ist dies nicht der Fall, hat jedes Bemühen auf der Sachebene weitere Frustration zur Folge („Der Trainer muss mich doch verstehen"). Die Beziehungsebene muss also erst (wieder)hergestellt werden, bevor auf der Sachebene gesprochen werden kann. Ich empfehle Ihnen, den Spielern auf Augenhöhe zu begegnen. Zeigen Sie Respekt und Sie werden Respekt zurückbekommen. Weisen Sie Ihre Spieler nie ab, wenn diese sich Ihnen anvertrauen möchten. Für den Aufbau einer intakten Beziehungsebene ist das gegenseitige Vertrauen von besonderer Wichtigkeit. Schenken Sie Ihren Spielern Vertrauen und Sie werden es zurückbekommen.
Arbeiten Sie daran, alle Spieler kennenzulernen. Sie müssen nicht alle Persönlichkeitsmerkmale verstehen, aber die Persönlichkeitsstruktur Ihrer Spieler (Wer tickt wie?). Die Voraussetzung, Menschen zu führen, ist sie zu verstehen und um Sie zu verstehen, muss man die Menschen „lesen" können. Dabei werfen Sie einen Blick hinter den Vorhang. Sie betrachten Ihre Spieler nicht nur als Sportler, sondern auch als Mensch. Zeitgleich schätzen und mögen Sie Ihre Sportler als Sportler sowie als Mensch.

„Es muss vom Herzen kommen, was auf Herzen wirken soll"

(Johann Wolfgang von Goethe)

Sprache

Im Punkt „Körpersprache" bereits aufgeführt, macht die Sprache 26 Prozent unserer Kommunikation aus. Dem gegenüber stehen 19 Prozent für den sachlichen Inhalt. Ganz banal ausgedrückt ist es also nicht entscheidend was man sagt, sondern wie man es sagt. Als guter Trainer achten Sie natürlich auf den Inhalt Ihrer Worte. Nutzen Sie Ihre Stimme, als wäre es ein Instrument, um das Gesagte zu untermalen. Achten Sie dabei auf die Wirkung Ihrer Stimmeigenschaften (Tonfall, Stimmlage) und Ihres Sprechverhaltens (Artikulation, Lautstärke, Sprechtempo). Sprechen Sie mit Ihren Spielern kurz, knapp und konkret. Meistens hören Ihnen Ihre Spieler unter körperlicher Belastung zu und sind in der Konsequenz nur beschränkt aufnahmefähig.

Feedback (Rückmeldung)

Unter Feedback versteht man, dass sich Trainer und Spieler „Rückmeldungen" geben beziehungsweise einholen. Das Feedback zeigt, wie etwas angekommen ist und wie es vom anderen aufgenommen wurde. Dem Feedback widmen wir uns noch einmal ausführlich in einem späteren Kapitel, indem wir uns ein Feedback-Gespräch - am praktischen Beispiel - vor Augen führen.
Wir haben nun den Grundstein für die Interaktion - die Kommunikation - beleuchtet. Es folgt die Einführung in Methodik und Didaktik. Hier können Sie Ihre Fach- und Sozialkompetenz unter Beweis stellen. Unter der Berücksichtigung der zurückliegenden Kapitel, kann auf der sozialen Ebene zwischen Ihnen und den Athleten, nichts mehr schiefgehen. Nach diesem eher trockenen Kapitel, widmen wir uns im Folgenden dem Eingemachten. Es geht raus auf den Platz. Verbinden Sie Ihr theoretisches Wissen über die Interaktion zwischen Ihnen und den Spielern, um Sie - gepaart mit Ihrer Fachkenntnis und in Verbindung mit der methodischen Lehrtätigkeit - zu Höchsteisungen zu pushen.

Methodik und Didaktik

<u>Methodik</u>
Lernweg; Weg zum Ziel (Frage nach dem **Wie**)

<u>Didaktik</u>
Bildungsinhalt; (Frage nach dem **Was**)

Weder ein Ziel ohne Weg, noch ein Weg ohne Ziel, macht Sinn. Methodik und Didaktik sind im Mannschaftssport unzertrennbar miteinander verbunden. Bei der Gestaltung Ihres Trainings müssen Sie sich also unausweichlich mit der Thematik Methodik und Didaktik auseinandersetzen.

Methodische Lehrtätigkeit

Zu Beginn des Buches sprach ich bereits ein klassisches Problem vieler Trainer an, einerseits gute Ideen für ihre Lehrtätigkeit zu haben, andererseits aber falsche Methoden anzuwenden, um ihre Spieler zu überzeugen. Gelingt es dem Trainer nicht, seine Spieler für die eigenen Methoden zu überzeugen, so wird es ihm auch nicht gelingen, seine Spieler zu erreichen. Im Folgenden führe ich einige wichtige Inhalte dieser Thematik auf.

<u>Trainer ist Vorbild in Auftreten und Verhalten</u>
Spieler übernehmen schnell Angewohnheiten und Verhaltensweisen der Lehrperson, wenn der Trainer wird als Vorbild angenommen wird.

<u>Trainer steht vor der Gruppe</u>
Zu Erklärungen und Demonstrationen wird die Gruppe zusammengeholt. Der Trainer soll alle Spieler im Auge haben und die Spieler sollen gut sehen und verstehen können. Kleiner Tipp am Rande: Bei starkem Sonnenschein befindet sich die Sonne im Rücken Ihrer Spieler – nur Sie blicken mit verkniffenem Augen in die Sonne.

Erst sprechen, wenn alle Spieler zusammengekommen sind
Erst, wenn keine Bewegung oder Ablenkung vorhanden ist, sind die Spieler voll aufnahmebereit und können den Anforderungen gerecht werden.

Ein verbindlicher Umgangston fördert die Aufnahmebereitschaft
Die Bereitschaft zu lernen hängt oft vom Umgangston des Trainers ab. Ihre Ansprachen sind Führungsmittel. Verbindliche, verständnisvolle Worte wecken Sympathie und Aufmerksamkeit. Distanzierte Art und Strenge bauen schnell eine unsichtbare Mauer zwischen Trainer und Mannschaft auf. Folge: Angst und verminderte Aufnahmebereitschaft Ihrer Spieler sowie ablehnende Haltung Ihnen gegenüber. Das Verhältnis sollte auf Wertschätzung und Verständnis beruhen, damit Fassadenhaftigkeit vermieden wird. Es ist nicht auszuschließen, dass sich Erfolge auch ohne Einfühlungsvermögen erzielen lassen, jedoch werden diese Erfolge nicht nachhaltig sein. Menschen erreicht man in erster Linie mit Feingefühl und Eloquenz.

Ruhig und langsam sprechen
Während des Trainings sind die Spieler belastet und somit nur beschränkt Aufnahmefähig. Zu schnelles Sprechen verwirrt.

Aufgabenstellung ohne vorherige ausführliche Technikerklärung
Zu viele Erläuterungen überfordern die Konzentration für bestimmte Bewegungen. Viele Spieler führen technische Kriterien bereits selbstständig und unbewusst aus. Die Erklärung technischer Details gehört in die Korrektur.

Einfach nachzuvollziehende Aufgaben stets vormachen
Der Lernprozess des Menschen ist visuell besser ausgeprägt als der auditive. Wir behalten oder nehmen auf:

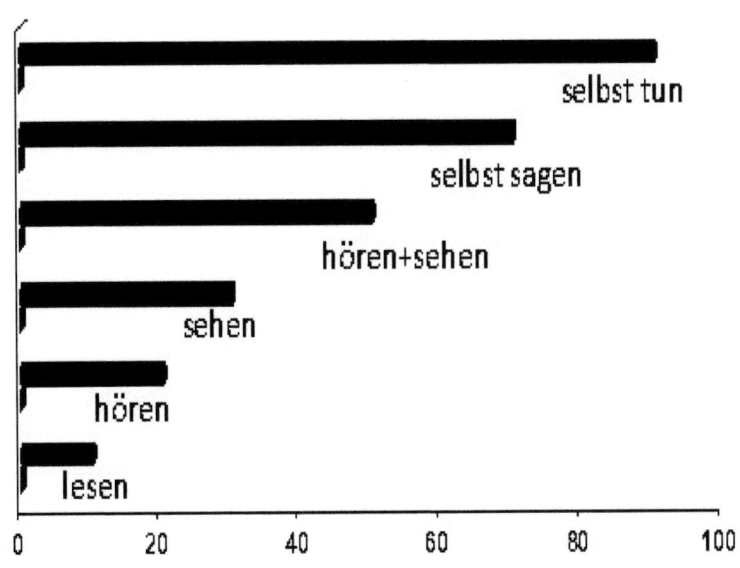

Abb.14 Lerntypen

<u>Trainer steht außerhalb des Übungsbetriebes</u>
Nur aus einer gewissen Entfernung kann der Trainer den gesamten Übungsbetrieb überblicken und gegebenenfalls eingreifen. Der Trainer sollte dabei die Perspektiven öfter wechseln.

<u>Trainer greift nur sporadisch helfend ein</u>
Zu viele Spielunterbrechungen beeinflussen den Spielfluss und vermindern die Aufmerksamkeit. Spieler wollen spielen! Halten Sie nur selten das gesamte Spiel an. Alternativ ist es besser, einzelne Spieler zum Vier-Augen-Gespräch herausgreifen oder lediglich verbale Anweisungen von außen geben.

Neue Übung sollte nicht zu rasch folgen
Jede Übung bedarf einer Anpassungszeit. Der Adaptionsprozess findet teilweise verzögert statt. Deswegen sollten Sie den Spielern die notwenige Zeit geben.

Kleine Lernschritte: Vom Leichten zum Schweren
Die Übungen sollten so konzipiert sein, dass immer nur ein kleiner Zuwachs an Schwierigkeit gefordert wird. Erst eine Steigerung an Schwierigkeit einbauen, wenn das Ausbildungsziel, laut Ihrer Auffassung, erreicht ist.

Korrektur erst nach Fehlerwiederholungen
Nur, wenn der Trainer häufiger Fehler feststellt, greift er für eine Korrektur ein. Nicht selten passieren einmalige und unbewusste Fehler. Deshalb sollten Sie den Spielfluss nicht voreilig unterbrechen, da hierdurch weitere Fehler provoziert werden.

Einzelkorrektur erfolgt während die anderen weiterüben
Der Übungsablauf der gesamten Mannschaft wird nicht unterbrochen.

Gruppe zusammenrufen, wenn Fehler bei mehreren Spielern auftreten
Hier ist entweder die Aufgabe mangelhaft verstanden wurden oder die gestellte Aufgabe hat noch einen zu hohen Schwierigkeitsgrad.

Beim Übungsbetrieb beobachtet der Trainer den Einzelnen individuell
Der Trainer betrachtet einzelne Spieler individuell und nicht den gesamten Übungsbetrieb, um sich ein Bild machen zu können. Nur so können Sie sich einen Eindruck über den Leistungsstand Ihrer Spieler verschaffen.

Stets nur eine Korrektur
Der Trainer gibt dem Spieler nur einem Korrekturhinweis und lässt ihn dann weiterüben, damit er nicht mit den neuen Informationen überfordert ist. Bei mehren Fehlern korrigieren Sie zunächst die wesentlichen Fehler.

Alternative Fragen stellen
Beim Demonstrieren von Übungen, bringen Sie die Spieler in die Übung aktiv ein. Die Konzentrationsfähigkeit der Sportler wird gefördert, da sie die Übung schon vor praktischem Durchführen im Kopf ablaufen lassen.

Taktische Korrekturen in aktuell unterbrochenen
Spielsituationen wirken einsichtiger
Augrund der aktuellen Spielsituationen, können die Spieler taktische Korrekturen leichter nachvollziehen. Der Trainer kann hier direkt auf die Situation eingehen und der Mannschaft ein Bild stellen. Frieren Sie die Spielsituation ein. „Halt"! Alle so stehen bleiben. Achten wir auf Folgendes [...]"

Übungen und Korrekturen sollten begründet werden
Manche Übungen sind erst auf den zweiten Blick oder auf Umwegen sinnvoll. Es liegt in der Natur der Spieler, Übungen zu hinterfragen, selbst, wenn es den wenigsten Spielern in der Realität gelingt, eine Führungsperson zu sein.

Erst sprechen, dann demonstrieren
Verbale und visuelle Anweisungen sind zeitgleich schwer zu verarbeiten. Ich empfehle Ihnen hierbei folgenden Ablauf bei der Durchführung Ihrer Trainingsübungen.

E rklären

V ormachen

N achmachen (lassen)

Ü ben

Anerkennung einer Leistung motiviert Spieler
Lob durch den Trainer spielt eine wichtige Rolle. Leistungssteigerung hängt nicht selten mit der Motivation durch den Trainer zusammen. Auf die Motivation kommen wir später noch einmal zu sprechen.

Kameradschaft und eigene Note

Das gute persönliche Verhältnis zwischen Trainer und Spielern ist das Allerwichtigste. Der Grundstein einer erfolgreichen Zusammenarbeit liegt hier. Sie sollten immer darauf achten, dass Sie als Respektsperson erhalten bleiben und Ihre Autorität nicht beeinträchtigt wird. Nicht jeder Spieler und jeder Trainer ist kongruent. Der Trainer sollte für die Kameradschaft seiner Spieler sorgen und mit eigener Didaktik - zwar Trainervorbilder nutzen - allerdings nicht kopieren, denn es gibt kein festes Konzept eine Mannschaft zu führen, da jeder Spieler und folglich jedes Team anders ist.

Grundsatz: Jeder Mensch ist anders, sonst wäre der Mensch nicht lebensfähig und nicht fortschrittlich.

„Jeder Mensch ist aber ein Sonderfall – jeder Mensch ist von seiner eigenen und einzigartigen Lebensgeschichte geprägt"

(Joseph Weizenbaum)

Trainingsmaterial

Damit Sie Ihre „methodisch-didaktischen Feuerwerke" abbrennen können, benötigen Sie einige Utensilien. Im Allgemeinen gilt: Je höherklassig der Verein spielt, desto besser und umfangreicher die Ausstattung. Dies muss aber nicht die Regel sein. Wenn Sie mich fragen, darf das nicht die Regel sein. Es ist die Bringschuld eines jeden Vereins, Ihre Teams mit dem benötigten Standard-Material auszustatten, um den Trainern die bestmöglichen Rahmenbedingungen zu bieten - damit die Trainer bei Ihren Spielern den bestmöglichen Lernerfolg erzielen können. Die Anschaffungskosten der gängigen Utensilien sind - in Relation zum Nutzen - als verschwindend gering zu betrachten. Dies trifft insbesondere zu, wenn es gemeinschaftliche Lagerräume gibt und mehrere Mannschaften eines Vereins auf die Trainingsmaterialien zugreifen können. Haken Sie bei den handelnden Personen mit der Vereinsschatulle beständig nach und zeigen Sie die Wichtigkeit der Anschaffung auf. Im Zweifelsfall verzichtet Ihr Team auf den Vereinszuschuss bei der nächsten festlichen Aktivität und nutzt dieses Geld, um die Anschaffungskosten zu decken. Eine weitere Möglichkeit besteht darin, sich selbst einen Materialkeller anzulegen. Ihre ersten Aufwandsentschädigungen können Sie dafür verwenden, damit Ihre Athleten auf kein methodisch-didaktisches Highlight verzichten müssen. Auch ich gehöre zu den stolzen Besitzern eines solchen „Folterkellers". Zur Kontrolle, ob Ihr Keller vollzählig ist, habe ich für Sie eine Check-Liste zusammen gestellt.

Standard – Ausstattung Trainingsmaterial

- ✓ Bälle (Anhalt: ein Ball für jeden Spieler)
- ✓ Ballsäcke / -netze
- ✓ Markierungsteller in mind. vier verschiedenen Farben
- ✓ Markierungskegel in mind. zwei verschiedenen Farben
- ✓ Markierungsleibchen in mind. drei verschiedenen Farben;
  alternativ: Wendeweste zweifarbig und einen Satz Markierungsleibchen
- ✓ Hürdensystem klein und groß
- ✓ (Doppel-)Koordinationsleiter und / oder Scherensystem
- ✓ Ringsystem
- ✓ Slalomstangen
- ✓ Medizinbälle
- ✓ Fußbälle Gr. 3 (Techniktraining; insbes. bei Junioren)

Alternativ zusätzlich:

- ✓ Bremsfallschirm
- ✓ Speed-Schlitten (günstige Variante: alte Autoreifen i. V. m. Ketten oder Seilen)
- ✓ Elastikbänder / Thera-Bänder in verschiedenen Stärken

- ✓ Deuserbänder / Widerstandsbänder
- ✓ Gewichtswesten
- ✓ Fußgelenk-Gewichte
- ✓ Balance-Scheiben
- ✓ Trampolin
- ✓ Kopfball-Pendel
- ✓ Freistoß-Übungsmauer
- ✓ Spannbänder Großfeldtor (Freistoß- und Zieltraining)

Für alternative Trainingsmethoden können Sie das Sortiment beliebig erweitern.
Neben dem Material für Ihren Trainings- und Spielbetrieb, benötigen Sie für Ihren persönlichen Trainer-Bedarf noch einige Materialen, die ich im Folgenden ebenfalls aufgelistet habe.

<u>Trainer-Material</u>

- ✓ Trainer-Tasche
    - ✓ Taktiktafel groß (Spielbesprechung, Taktik-Training, Theorie-Unterricht)
    - ✓ Zeigestift oder Laserpointer
    - ✓ Taktiktafel / - mappe klein (Vier-Augen-Gespräch, Kleingruppen)
    - ✓ Magnete für Taktiktafeln in zwei verschiedenen Farben
    - ✓ Folienstifte (non-permanent) für Taktiktafeln in verschiedenen Farben
    - ✓ Zeichenblock (alterativ zur Taktiktafel)
    - ✓ Filzstifte in verschiedenen Farben (alternativ zum Folienstift)
    - ✓ Stoppuhr
    - ✓ Pfeife
    - ✓ Ballpumpe klein
    - ✓ Kugelschreiber
    - ✓ Kreide

- ✓ Notizheft
- ✓ Visitenkarten

* am Beispiel Fußball; sportartspezifisch unterschiedlich

Ich hoffe für jeden Trainer, dass ihm ein fähiges Trainer- / Betreuerteam zur Seite steht. In den unteren Seniorenklassen, traurigerweise aber auch in Jugendmannschaften, wird der Trainer nur allzu sehr allein gelassen. Falls Sie zu dieser Spezies gehören oder Ihrem Betreuer eine Hilfestellung geben wollen, ist hier das Sanitätsmaterial aufgeführt.

Arztkoffer (Standard-Ausstattung)

- ✓ Arztkoffer blanko
    - ✓ Sporttape
    - ✓ Erste-Hilfe-Set nach DIN zur Erstversorgung (inkl. Schere)
    - ✓ Sportgel
    - ✓ Aufwärm-Öl
    - ✓ Sport Tonikum
    - ✓ Eisspray
    - ✓ Japanisches Heilpflanzenöl
    - ✓ Tigerbalsam
    - ✓ Melkfett
    - ✓ Taschentücher
    - ✓ Sofort-Kühl Kompresse
    - ✓ Eiskoffer
        - Kalt-Warm Kompresse
        - Kühl-Akkus
        - Eiswürfel
        - Waschlappen

Die ersten 100 Tage

Wir kehren zurück zur Praxis. Ihr Team ist gut in die neue Spielzeit gestartet. Sie haben es geschafft, sich noch ungeschlagen den Platz an der Sonne der Ligatabelle zu sichern. Von oben nach unten auf die Tabelle zu schauen, ist ein schönes Gefühl, aber die Konkurrenz schläft nicht. Das erste Saisondrittel – oder auch die sogenannten ersten 100 Tage – dienen auch der Konkretisierung der Saisonziele. Schließlich hat man mit seinem Team bereits Zählbares, in Form von Punkten, an der Hand. Da es für Ihr Team momentan kaum besser laufen könnte, herrscht eine tolle Stimmung im Team. Selbstverständlich ist es Ihre Aufgabe, Ihr Team zu warnen, nicht zu nachlässig zu handeln - allerdings nicht, die Wünsche und Ziele Ihrer Spieler einzubremsen. Lassen Sie Ihre Spieler träumen und bremsen Sie Ihre Schützlinge nicht - in Ihrer Motivation und im Glauben an sich selbst - aus.

„Wer Träume hat, der hat auch Ziele"

(Sprichwort)

Der Glaube Ihrer Spieler an sich selbst, ist jetzt zu diesem Zeitpunkt groß. Das werden Sie am Auftreten Ihrer Spieler wahrnehmen. Ihr Team wird stets motiviert sein. Aufgrund der Erfolgserlebnisse werden Ihre Spieler mutiger und befreiter aufspielen. Während dieser Phase können wichtige Entwicklungsschritte einsetzen. Ein Sprichwort sagt, dass man aus Niederlagen lernt und gestärkt hervorgeht. In der Tat ist dieses Sprichwort korrekt. Gleichermaßen entwickeln sich Spieler, in der Stunde des Erfolgs, fort. Der Mensch muss nämlich desgleichen mit Erfolg umgehen können. Bodenständigkeit und Demut, gepaart mit gestärktem Selbstbewusstsein und Glauben an sich selbst, hat schon so manchen Sportler in seiner sportlichen Entwicklung positiv beeinflusst. Nur, wenn alle Teammitglieder unabdingbar an den Erfolg glauben, werden sie ihn weiterhin haben. Springen Sie auf die Welle auf. Teilen Sie diesen positiven Flow. Im Moment ist Ihre Trainertätigkeit einfach zu handhaben. Erfolg macht glücklich. Genießen Sie den Moment, denn nur allzu oft kommt vieles anders als man denkt.

„Wenn du den Erfolg so sehr willst, wie die Luft zum Atmen, dann wirst du Erfolg haben."

(Eric Thomas)

Visionen und Ziele

Visionen und Ziele sind Gedankenspiele. Diese Phantasien spielen sich in unserem Kopf ab. Selbstredend hat ebenso ein Trainer Visionen und Ziele. Sie haben keine konkrete Vorstellung? Fail! Setzen Sie sich Ziele! Beginnen Sie zu träumen. Es sind Ihre Gedanken - und die sind bekanntlich frei. Wer sind Sie und was wollen Sie als Trainer werden? Wo sehen Sie sich in 3, 5, 10 Jahren? Setzen Sie sich Ziele! Notieren Sie sich Ihre Visionen auf einem kleinen Stück Papier und schließen Sie es weg. Die Liste kann beliebig oft verändert oder erweitert werden. Ihre Trainer-Ziele werden sich ohnehin dauerhaft verändern. Selbst, wenn am Ende keine Anfangsvision übrig ist, brauchen Sie sich keine Sorgen machen. Die Hauptsache ist, dass Sie sich Gedanken gemacht haben und für Ihren Erfolg und Ihre Zielerreichung alles Mögliche gegeben haben.

„Heute ist der Tag, jetzt geht es endlich los,
Sie erreichen Ihre Ziele. Denken Sie groß!
Ein bisschen Größenwahnsinn kann nicht schaden
und auf einmal können Sie fliegen. Denken Sie groß!
Geben Sie nicht auf und leben Sie den Traum,
dafür muss man kein Genie sein. Denken Sie groß!
In jedem Menschen steckt ein Visionär,
setzen Sie die Energie frei! Denken Sie groß." […]

(aus: „Denken Sie groß", Deichkind)

Ganz gleich, welche Visionen und Ziele Sie haben, müssen Sie Ihre Ziele so definieren, dass sie

a) aussagefähig,
b) realistisch,
c) objektiv prüfbar,
d) messbar und
e) annehmbar sind

A-R-O-M-A

Ein kleines Beispiel für ein Ziel Ihres Teams: Derby-Time am Wochenende.
a) Ja, wir wollen das Derby gewinnen.
b) Ja, der Gegner ist schlagbar.
c) Ja, ein Endergebnis zeigt den Ausgang des Spiels.
d) Ja, es wird ein Endergebnis geben.
e) Ja, wir nehmen das Ziel in Angriff.

Versuchen Sie beim Konstruieren Ihrer Ziele, Zeiträume festzulegen.

- für das morgige Training
- bis zur nächsten Woche
- bis zum nächsten Monat
- bis Saisonende
- über die Saison hinaus

„Erfolg besteht aus drei Komponenten: Leidenschaft, harter Arbeit und unbeirrtem Glauben an die Zielerreichung"

(Christian Bischoff)

Motive und Bedürfnisse

Wenn wir über Visionen und Ziele sprechen, so landen wir zwangsläufig auch bei Motiven und Bedürfnissen. Diese sind eng mit den Visionen und Zielen verknüpft. Die stärkste Motivation des Menschen besteht immer dann, wenn ein Bedürfnis befriedigt werden will. Dies kann zum Beispiel der Wunsch Ihrer Spieler nach einer interessanten Trainingsübung sein, angemessene Handlungsspielräume im Mannschaftsverbund oder das Spielen auf einer neuen Position. Ein Spieler, der seinen eigenen Status im Team als angemessen betrachtet und eine anforderungs- und leistungsgerechte Einsatzzeit bekommt, ist mit seiner Rolle in der Mannschaft selten unzufrieden. Ebenso von Bedeutung ist eine gute Zusammenarbeit mit dem Trainer, ein gutes Verhältnis zu den Mitspielern und die gute Kommunikation mit allen internen (Trainer, Mitspielern) und (mannschafts-) externen Beteiligten (Präsident, sportlicher Leiter).
Weitere Anforderungen an die sportliche Motivation sind ausreichende Identifikationsmöglichkeiten, sportliches und menschliches Lernpotenzial und unmittelbares Feedback der Leistung. Die Spieler der heutigen Generation sind weitaus selbstreflektierter als man vermuten mag. Um Begeisterungsfähigkeit hervorzurufen, benötigen Trainer die Fähigkeit, mit Empathie für die Motive und Bedürfnisse der einzelnen Spieler einzustehen.
Motivierte Athleten sind der Erfolgsfaktor jedes Vereins. Anhand der Bedürfnispyramide des us-amerikanischen Motivationsforschers Abraham Maslow, sind die Motive und Bedürfnisse in fünf Klassen hierarchisch geordnet.

Selbstverwirklichung
- Entfaltung individueller Fähigkeiten und Funktionsmöglichkeiten –
(z.B. Kandidatur für Vorstandsamt)

Anerkennung und Wertschätzung
- Bedürfnis nach Stärke, Ansehen, Achtung, Anerkennung, Einfluss –
(z.B. Stammplatz; Erfolg im Sport)

Sozialbedürfnis
- Wunsch nach sozialer Anerkennung, menschlicher Zuwendung und sozialer Kontakte –
(z.B. Mitgliedschaft in einem Verein)

Sicherheit
- Schutz vor unvorhergesehenen Ereignissen; Wunsch nach sozialer und persönlicher Sicherheit und Beständigkeit –
(z.B. sinnvolle Gestaltung der Freizeit; persönliche Verbindungen u. Vernetzung)

Grund- und Existenzbedürfnisse
- Sicherung von Nahrung und körperlicher Unversehrtheit –
(z.B. Nahrung, Kleidung oder Schlaf)

Abb. 15 Bedürfnispyramide nach Maslow

Zeitmanagement

Die Winterpause naht. Das Wetter wird schlechter. Alles ist nass und grau. Dadurch ändert sich schnell die Gemütslage eines Menschen. Die Trainingseinheiten werden unter Flutlicht, anstatt unter strahlendem Sonnenschein, absolviert. Der saftige Rasenplatz wurde gegen den Kunstrasen- oder Hartplatz ausgetauscht. Sie stehen wie ein begossener Pudel im Herbstregen und frieren. Ihr Team hat die erste Niederlage der Saison hinnehmen müssen. Auch die direkten Verfolger haben Punkte liegen lassen, aber der Abstand zu Ihrem Team hat sich verringert. Nach wie vor herrscht eitel Sonnenschein

am Kopf der Tabelle. Ihr Trainerdasein und alle damit verbunden Aufgaben und Pflichten sind fordernd. Einem jeden Trainer ergeht es irgendwann einmal so, dass er sich im Laufe der Hinrunde, nach der Winterpause sehnt. Sie haben zahlreiche Nebenaufgaben, die Ihnen die eigentliche Trainertätigkeit erschweren. Vor lauter Terminen wissen Sie nicht mehr, wohin mit der Zeit. Die Zusatzaufgaben lasten auf Ihren Schultern, wie ein prall gefüllter Rucksack. Befreien Sie sich von dieser Last und machen Sie sich Ihr Trainerleben, im wahrsten Sinne des Wortes, leichter – durch gezieltes Zeitmanagement. Darunter versteht man die konsequente und zielorientierte Anwendung bewährter Arbeitstechniken, zur Optimierung der Organisation eigener Lebensbereiche sowie sinnvoller Nutzung der zur Verfügung stehenden Zeit. Das hat für Sie persönlich den Vorteil, dass Sie Zeit „gewinnen", weniger Arbeit haben und Probleme bereits im Voraus besser erkennen können.
Teilweise ist es unmöglich, allen Verpflichtungen nachzukommen. Sollte der Sport nicht gerade Ihre Haupteinnahmequelle sein (wenn doch, dann herzlichsten Glückwunsch), müssen Sie viele Dinge unter einen Hut bekommen. Familie, Freunde, Beruf, Hobbys und alles, was noch so anfällt. Der Wille, es allen recht machen zu wollen, verursacht Stress. Der Stress wiederum, verursacht auf Dauer Krankheit. Insbesondere, wenn aus dem Eustress (= positiver Stress) im Laufe der Zeit Distress (= negativer Stress) wird. Entlasten Sie sich, damit Ihnen durch Distress nicht die Lust am Coaching verloren geht. Lernen Sie, „Nein" zu sagen und setzen Sie Prioritäten – Ihre eigenen Prioritäten. Zeitmanagement ist in Wahrheit die Fähigkeit, sich selbst zu managen, denn die Zeit an sich ist unantastbar. Über die Zeit an sich haben Sie niemals Kontrolle. Aber Sie haben die volle Kontrolle über sich selbst.

Wie Sie Ihr Zeitmanagement optimieren können, möchte ich Ihnen anhand des Eisenhower-Prinzips näherbringen

„Zu einem großen Mann gehört beides: Kleinigkeiten als Kleinigkeiten und wichtige Dinge als wichtige Dinge zu behandeln"

(Gotthold Ephraim Lessing)

Das Eisenhower-Prinzip

Das sogenannte Eisenhower-Prinzip zeigt eine Möglichkeit auf, anstehende Aufgaben zu kategorisieren. Als Bewertungskriterien dienen die Komponenten „Wichtigkeit" und „Dringlichkeit".

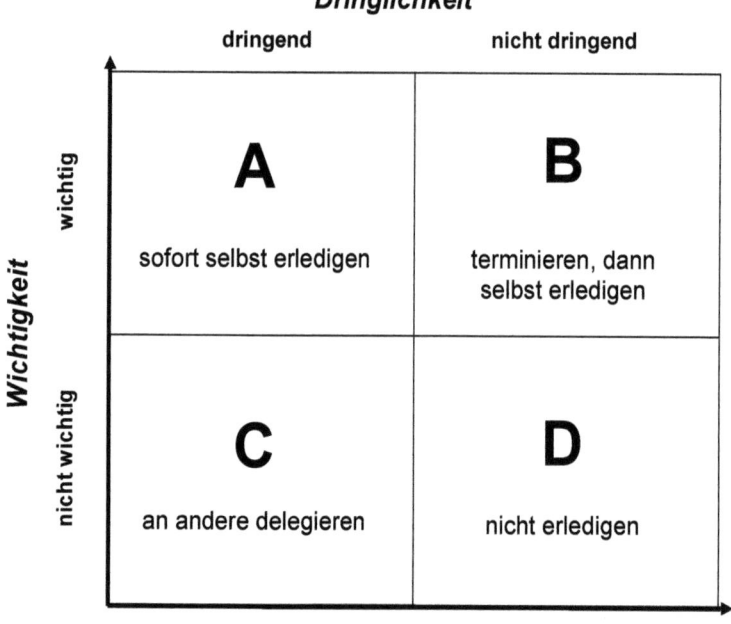

Abb. 16 Eisenhower-Prinzip

Entsprechend der Wertigkeit der Buchstaben wird die Wertigkeit der Aufgaben kategorisiert. Wichtig eingestufte Aufgaben (A- und B-Aufgaben) werden selbst erledigt. C-Aufgaben können Sie beispielsweise an Ihren Betreuer

delegieren und auf D-Aufgaben (oder auch P-Aufgaben; „P" für Papierkorb) werden nicht beachtet.
Anhand eines Beispiels werde ich Ihnen das Eisenhower-Prinzip erklären.

Beispiel: Das Punktspiel ist beendet.

A-Aufgabe: Der Streit zwischen zwei Mitspielern wird geschlichtet (verbal).
B-Aufgabe: Ein gegnerischer Spieler hat Interesse an einem Wechsel zu Ihrem Team bekundet. Sie vereinbaren einen Termin in der nächsten Woche.
C-Aufgabe: Spielbericht für die Presse verfassen. Wird an den Betreuer delegiert.
D-Aufgabe: Summer-Sale-Prospekt vom Sportartikelgeschäft lesen.

Gegen Ende der Hinrunde bemerken Sie, wie sich die Stimmung im Team verschlechtert. Leider hat dies negative Auswirkungen auf die Ergebnisse. Eine Punktlos-Serie von drei Spielen bedeutet den Verlust der Tabellenführung und das Abrutschen auf Platz drei. Innerhalb der Mannschaft rumort es. Unzufriedenheit macht sich breit. Einige Spieler beanstanden ihre Einsatzzeit. Diese Spieler fordern mehr Spielminuten von Ihnen. Die schlechte Stimmung sorgt des Weiteren dafür, dass sich eine Grüppchen-Bildung anbahnt. Höchste Zeit für Ihr Team, die Gemeinschaft zu fördern, um wieder zusammenzufinden. Es gilt, das Wir-Gefühl neu zu erwecken. Die Saison ist noch lang genug. Die Ergebnisse sind ärgerlich, aber noch hat Ihr Team alle Trümpfe in der Hand. Kein Grund, wegen der Krise zu resignieren. Schnellstens organisieren Sie, gemeinsam mit dem Mannschaftsrat, eine Team-Building-Maßnahme.

Team-Building

Klassisch gesehen, wird das Team-Building in der Vorbereitung gefördert. Da es sich um einen permanenten Prozess handelt, bietet es sich durchaus zu jedem anderen

Zeitpunkt an. Miteinander statt gegeneinander! So lautet die Devise für das Team-Event. Rufen Sie sich, gemeinsam mit Ihren Spielern, in Erinnerung, was ein echtes Team verkörpert. Gemeinsam Grenzen überwinden, gemeinsam Lösungen finden und nicht zuletzt gemeinsam Herausforderungen bewältigen - das macht ein Team aus. Gemeinsame Erlebnisse schweißen zusammen. Genau diese geplanten Ereignisse werden heutzutage „Team-Bulding-Maßnahme" bezeichnet.

„Im Grunde sind es doch die Verbindungen mit Menschen, die dem Leben seinen Wert geben"
(Wilhelm von Humboldt)

Welche Vorlieben Ihre Spieler haben, spielt dabei keine besondere Rolle. Der Spaß soll im Vordergrund stehen. Egal, ob Ihr Team demnächst gemeinsam in der Lasertag-Arena oder der Paintball-Anlage ihre kriegerischen Fähigkeiten unter Beweis stellt oder ob die Stars aus nächster Nähe im Stadion beobachtet werden. Ganz egal. Lassen Sie von Ihren Sportlern ein paar Optionen entwickeln und stimmen sie am Ende demokratisch ab. Wichtig ist, dass durch Erlebnisse - im Mix zwischen sportlichen und außersportlichen Events – der Zusammenhalt gestärkt wird.

„Zusammenkunft ist der Anfang, Zusammenhalt ist ein Fortschritt, Zusammenarbeit ist der Erfolg"
(Henry Ford)

Team-Buildung passiert nicht von heute auf morgen. Es handelt sich um einen Reifeprozess, welcher ein wenig Zeit benötigt, bis am Ende eine eingeschworene Mannschaft entsteht. Der us-amerikanische Psychologe Bruce Wayne Tuckman stellt in diesem Zusammenhang ein Phasenmodell (1965) dar, welches den Prozess der Gruppenbildung veranschaulicht.

Teambuilding

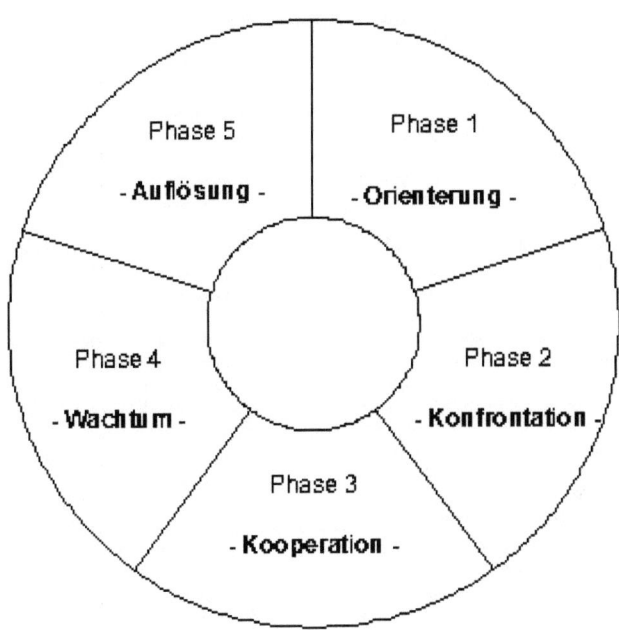

Abb. 17 Phasen der Gruppenbildung

1. Orientierungsphase (forming)

   Zwischenmenschliches Verhalten

   In der Orientierungsphase findet ein vorsichtiges Abtasten und Kennenlernen statt.
   Wenn Sie eine Gruppe zusammenstellen, haben Sie nicht aus dem Stegreif ein Team, sondern lediglich eine Sammlung von Individualisten.
   Die Gruppenmitglieder lernen sich gegenseitig

einzuschätzen, testen Grenzen aus und orientieren sich an Ihnen als Autoritätsperson. Achten Sie darauf, dass die Gruppenmitglieder ihren Platz in der Gruppe finden und Kontakt miteinander bekommen.

Ziel

Es geht zunächst darum, ein Gefühl von Zusammengehörigkeit zu entwickeln und sichere Interaktionsmuster zu schaffen.

2. Konfrontationsphase (storming)

Zwischenmenschliches Verhalten

In der zweiten Phase verhalten sich die Gruppenmitglieder „feindselig" zueinander und gegenüber der Trainerperson. Dadurch bringen die Akteure ihre Persönlichkeit zum Ausdruck. Für die einzelnen Gruppenmitglieder geht es darum, Macht und Einfluss zu erlangen. Hierbei beziehen sich die Individuen stark auf sich selbst und legen das Augenmerk auf Unterschiede. Durch diese Interaktion entsteht eine Gruppenstruktur. Als Trainer fungieren Sie als Moderator von Konflikten und achten darauf, dass emotionale Verletzungen während der „Machtkämpfe" minimiert werden.

Ziel

Die Einfluss- und Machtgewinnung der einzelnen Gruppenmitglieder.

3. Kooperationsphase (norming)

Zwischenmenschliches Verhalten

Die Gruppenmitglieder akzeptieren nun die Gruppe inklusive der Eigenarten einzelner Mitglieder und verhalten sich offen den anderen gegenüber. Das Gruppenverhalten ist durch eine klare Rollenverteilung, Einsicht und Vereinbarungen geprägt. In dieser Phase wird das sogenannte „Wir-Gefühl" entwickelt, Beziehungen aufgebaut, Gemeinsamkeiten ausgetauscht und

Gruppenstandards festgelegt. Die Gruppenmitglieder kooperieren von nun an miteinander.

Die Gruppe entwickelt sich zu einer Einheit, da die Gruppenmitglieder sich als solche anerkennen und aufrechterhalten wollen. Als Trainer fördern Sie die Eigenverantwortlichkeit und Selbststeuerung der Gruppe.

Ziel

Die Kooperation der Gruppenmitglieder und Entwicklung eines Wir-Gefühls.

4. Wachstumsphase (performing)

Zwischenmenschliches Verhalten

Aus der Gruppe ist ein Team geworden. Aufgaben und Probleme werden gemeinschaftlich gelöst. Die Teammitglieder kommen zu der Erkenntnis, dass man miteinander mehr erreicht als ein Einzelkämpfer. Als Trainer sollen Sie diese Wertschätzung vorleben und positives Feedback geben.

Ziel

Leben des Leitsatzes: „Gemeinsam sind wir stark. Im Team erreicht man mehr."

5. Auflösungsphase (adjourning)

Diese Phase wurde im Nachhinein durch Tuckman im Jahre 1977 ergänzt. Darin lösen sich die einzelnen Gruppenmitglieder vom Team und transferieren das Wissen und die Erfahrungen in das nächste Projekt (z. B. in einen Vereinswechsel).

Zwischenmenschliches Verhalten

Vorausgesetzt, dass es sich um eine längerfristige Zusammenarbeit handelte, ist das vorherrschende Gefühl Trauer und Abschied, aber auch Aufbruchstimmung und ein starkes Zusammengehörigkeitsgefühl.

<u>Ziel</u>

Das Transferieren von Erfahrungen und Wissen in das nächste „Projekt."

<u>Zusammenfassung</u>

Die einzelnen Phasen können mehrfach durchlaufen werden, wenn etwa ein neues Teammitglied dazu stößt. In der Bewältigung der Phasen steckt viel Arbeit, die im Endergebnis auf ein gelungenes Teamwork zu führen ist. Das Resultat dabei ist, dass die Teammitglieder das Gefühl bekommen, etwas Größeres geleistet zu haben.

> Funktionierendes Team =
>
> Gruppenleistung > Summe d. Einzelleistungen aller Teammitglieder

Durch das Zusammengehörigkeits- und Gemeinschaftsgefühl erhöhten sich gleichzeitig die Motivation und das Selbstwertgefühl. Dies wiederum wirkt sich besonders positiv auf die Leistungsfähigkeit Ihrer Spieler aus. Die Grundvoraussetzung, eine Mannschaft, reich an Teamplayern zu haben, ist dem Menschen in die Wiege gelegt. Der Mensch will von Natur aus Teil eines Teams sein. Er oder Sie will Teil eines Größeren sein, als Er oder Sie es als Einzelperson sind.

Die Rolle des Feedbacks

„Zeig einem schlauen Menschen einen Fehler und er wird sich bedanken.
Zeig einem dummen Menschen einen Fehler und er wird dich beleidigen"

(Laotse 533 v. Chr.)

Ihre Sportler brauchen Rückmeldung zu Ihren Leistungen. Oft bemängeln Sportler, dass der Trainer nicht oder zu wenig mit ihnen spricht. Dabei ist es besonders wichtig für Ihre Spieler, zu wissen, wo Sie mit ihrer Leistung stehen. Konstruktive Feedback-Gespräche vertiefen die Bindung zwischen Trainer und Athlet. Es findet ein Austausch statt, von dem am Ende beide Parteien profitieren. Trainer müssen Ihren Spielern vermitteln, wer sie sind – und nicht was die Spieler glauben zu sein. Nutzen Sie dafür neben dem verbalen Feedback auch Videoanalysen, um die Selbstreflexion der Spieler anzuregen. Die Spieler müssen sich durch die Augen des Trainers sehen können. Nur mit dem Blick aus beiden Perspektiven können die Spieler ihre Stärken und Defizite korrekt deuten.

Tauschen Sie sich also mit einem fiktiven Spieler X über die sportliche Leistung aus. Beim Feedback-Gespräch empfehle ich Ihnen die „Burger-Methode".

Im ersten Schritt heben Sie die Leistung des Spielers hervor. „Du hast in den letzten Wochen gut trainiert. Es steht außer Frage, dass du ein guter Fußballer bist."

Im Anschluss setzen Sie den Fokus auf das eigentliche Problem. „Du spielst zu eigensinnig. Fußball ist ein Mannschaftssport. Ich habe das Gefühl, dass du durch deinen Egoismus den Unmut deiner Mitspieler auf dich ziehst."

Am Ende finden Sie einen positiven Ausstieg inklusive zuversichtlichen Ausblick. „Ich bin mir sicher, du wirst es schaffen, dieses Verhalten abzulegen. Wenn du mannschaftsdienlicher spielst, hast du gute Chancen, deinen Stammplatz zurückzugewinnen."

Achten Sie beim Feedback-Geben darauf, dass
- Sie das Problem klar und genau formulieren,
- Sie das Problem sachlich richtig darlegen (muss von
  neutralen Beobachtern nachgeprüft werden können),
- Sie Ihren Gegenüber nicht mit Informationen überladen (kurz,
  knapp, konkret),
- Sie das Problem beschreiben, ohne wertend zu sein (der
  Spieler legt eine eigensinnige Spielweise an den Tag. Das
  heißt aber nicht, dass er kein Mannschaftssportler ist),
- Sie sich auf ein konkretes Verhalten beziehen (nicht
  allgemein auf den Spieler),

- Sie die Bedürfnisse aller Teammitglieder berücksichtigen (Unmut der Mitspieler, aufgrund egoistischer Spielweise),
- Sie ein brauchbares Feedback geben (Änderung des egoistischen Verhaltens möglich),
- Ihr Feedback beim Spieler auch ankommt (ist der Spieler bereits bei anderen Vereinen durch Egoismus aufgefallen und es besteht keine Chance auf Änderung des Verhaltens, dann lassen Sie es gleich bleiben),
- Sie keine Änderung fordern, allerdings erwünschen (ob der Spieler sein Verhalten ändert, entscheidet er allein. Aus diesem Verhalten können Sie Ihre Konsequenzen ziehen),
- Sie sich konstruktiv verhalten (Perspektive für die Zukunft),
- Sie sich nicht zu negativ äußern. Niemand wird gern kritisiert. Damit Ihr Spieler nicht auf Abschalt-Modus umstellt, sollten Sie positiv abschließen, um eine geänderte Verhaltensweise herbeizuführen,
- Sie abschließende Fragen stellen, um eine Tendenz zu erkennen („Wie siehst du das denn?" „Wie glaubst du am wertvollsten für das Team zu sein?"),
- Sie für Fragen, Sorgen, Nöte und Rückmeldungen jederzeit zur Verfügung stehen,
- Sie einen neuen Termin für ein erneutes Gespräch anbieten (und bei Interesse Ihres Athleten auch durchführen).

Ein Trainer kann mit der Einschätzung seiner selbst ebenfalls einmal danebenliegen. Wenn man wirklich wissen will, wer man ist, muss man wissen, was die Spieler über einen Trainer sagen, wenn er die Kabine verlässt. Nun kann es aber auch passieren, dass Sie zum Feedback-Nehmer werden. Drehen wir den Spieß um. Nachdem Sie Ihrem Spieler das Feedback gegeben haben, hat auch Ihr Spieler noch Redebedarf.

Achten Sie beim Feedback-Nehmen darauf, dass
- Sie Ihrem Spieler aufmerksam zuhören und aussprechen lassen,
- Sie sich nicht rechtfertigen oder verteidigen. Bedenken Sie, dass Ihr Spieler beschreibt, wie Ihr Verhalten auf ihn wirkt. Die Auffassung Ihres Spielers ist durch keine Rechtfertigung von Ihnen revidierbar. Nehmen Sie die Meinung hin und ziehen Sie, falls möglich, Ihre Schlüsse daraus. Auch ein

Feedback-Nehmen als Trainer kann sehr hilfreich sein,
- Sie dankbar für das Feedback sind, denn Sie können Ihr Verhalten überdenken, Ihre Schlüsse daraus ziehen und „besser werden".

Familie und Freunde

Bei allem Spaß und Enthusiasmus, den Sie an Ihrem Sport haben – vergessen Sie nie, genug Zeit für die Menschen zu haben, die Ihnen im Leben das meiste bedeuten – Ihre Familie und Ihre Freunde. Sie sind die stärkste Quelle der Unterstützung und werden auch in schlechten Zeiten zu Ihnen stehen. Mannschaftssport ist zeitintensiv. Bedenken Sie, dass immer jemand zu Hause auf Sie wartet, während Sie Ihrer Leidenschaft nachgehen und deshalb möglicherweise seine eigenen Interessen vernachlässigt. Aus diesem Grund halte ich es für besonders wichtig, hin und wieder die Partner und Kinder in das Vereinsleben einzubeziehen. Aufgrund der zahlreichen Vorhaben während einer Spielzeit, fällt es oft schwer, alle Termine wahrzunehmen. Oft leiden insbesondere Freundschaften darunter. Denken Sie daran, dass Ihre Freunde die gesamte Saison über existieren und nicht nur während der Spielpausen.

Ende der Hinrunde

Die Hinrunde ist vorüber. Ihr Team hat nach der Team-Building-Maßnahme wieder mehr zueinander gefunden. Sie konnten deutlich erkennen, dass eine eingeschworene Einheit auf dem Platz stand. Einer hat für den anderen gekämpft. Es wurde deutlich mehr und deutlich positiver miteinander kommuniziert. Mit großer Freude bemerken Sie einen weiteren Entwicklungsschritt bei Ihrer Mannschaft. Aus einer Gruppe ist ein echtes Team geworden. Alle Teammitglieder respektieren und schätzen sich. Selbst Spieler, mit Drang zum Egoismus, haben sich dem Teamrahmen angepasst. Fast schon schade, dass jetzt eine mehrmonatige Unterbrechung ansteht. Die letzten Ergebnisse konnten sich sehen lassen. Ihr Team überwintert auf Platz drei. Die Tabellenspitze ist nicht allzu weit entfernt.

Die Winterpause

Nach Beendigung des letzten Pflichtspiels gehen Sie in die Winterpause. Während dieser Zeit können Sie die längste „sportfreie Zeit" des Spieljahres genießen. Bis zum nächsten Pflichtspiel müssen Sie mehrere Wochen warten. Während dieser Zeit können Sie sich verstärkt auf die Kameradschaftspflege konzentrieren. Zusätzlich bieten Hallenturniere, an denen man teilnimmt oder selbst ausrichtet, die Möglichkeit, sich positiv im Rampenlicht zu positionieren und Kontakte mit anderen Vereinen und Spielern zu knüpfen. Gerne werden während der Hallenturniere bereits einige Vorbereitungsspiele ausgeplant.

Vorbereitung auf die Rückrunde

Die Vorbereitung auf die Rückrunde ähnelt sich der Vorbereitung auf die neue Saison. Die äußerlichen Einflüsse könnten kaum gegensätzlicher sein. Während Sie in der Sommervorbereitung noch schwitzten und mit einem Sonnenbrand das Sportgelände verließen, frieren Ihnen als Trainer nun die Schnürsenkel Ihrer Schuhe fest. Sie können ein Lied davon singen, wie unangenehm es ist, wenn sich die Kälte langsam Schicht für Schicht auf Ihre Haut vorarbeitet. Die schrecklichste Jahreszeit für einen Trainer! Ansonsten arbeiten Sie an den gleichen sportlichen Schwerpunkten, wie bereits zur Sommerzeit. Entscheidender Vorteil der Wintervorbereitung ist, dass Ihnen mehr Zeit bis zum ersten Pflichtspiel zur Verfügung steht. Für eine Reihe von Testspielen, vor der Pflicht, haben Sie zahlreiche Gelegenheiten. Für abwechslungsreiches Training im Warmen, können Sie ein Kraft-Ausdauer-Training in der Halle, im Fitnessstudio oder im Schwimmbad organisieren.

Die Vorbereitung auf die Rückrunde nutzen Sie mit Ihrem Team, um sich bestmöglich auf die kommenden Monate vorzubereiten. Ihr Team hat den unbedingten Willen, die Tabellenspitze zurückzuerobern. Es liegt an Ihnen, Ihr Team so einzustellen, sodass neben den Pflichtaufgaben, auch die Big Points erzielt werden.

„Chancen multiplizieren sich, wenn man sie ergreift"

(Sunzi)

Konfliktmanagement

Nicht immer herrscht eitel Sonnenschein im Vereinsleben. Hin und wieder kommt es zu Konflikten. Selbst Ihr Team bleibt hiervon nicht verschont. Ein Konflikt ist nicht generell als etwas Negatives zu betrachten. In jedem Konflikt besteht auch eine Chance zur Veränderung und Verbesserung. Schließlich schrecken die Beteiligten aus Ihrem gewohnten Trott. Das führt dazu, dass gewisse Dinge offen und ehrlich vorgetragen werden, anstatt des lieben Frieden Willens, totgeschwiegen würden. Entscheidend ist der richtige Umgang der Konfliktparteien miteinander sowie eine konstruktive Konfliktlösung. Im nächsten Kapitel wollen wir uns dieser Thematik widmen. Dabei werden wir, am praktischen Beispiel, auf Schwerpunkte des Konfliktmanagements eingehen.

Der Begriff „Konflikt"

Schnell assoziiert man diesen Begriff mit einer körperlichen Auseinandersetzung, in der die Streithähne mit Knüppeln aufeinander losgehen. Ein Konflikt ist allerdings bereits etwas viel Banaleres. Jedes Trainingsspiel, jedes Pflichtspiel, jeder Zweikampf, ist als ein Konflikt zu werten. Im Grunde genommen ist ein Konflikt nicht mehr als ein Aufeinandertreffen gegensätzlicher Interessen, Wünsche, Werte und Vorstellungen. Jeder möchte gewinnen. Das ist kein Grund, das nächste Ligaspiel zu canceln, nur, weil es auf dem Platz emotional zugehen könnte. Auch in anderen Lebensbereichen spielen Konflikte eine Rolle, sei es Familie, Beruf, Schule. Ich gebe Ihnen als Trainer den Ratschlag, ruhig und gelassen mit Konflikten umzugehen. Falsch eingesetzte Emotionen lassen einen Konflikt schnell eskalieren. Jeder Konflikt ist eine Herausforderung, genauso wie das Spitzenspiel. Sehen Sie einen Konflikt als solche Herausforderung. Mit der richtigen Taktik gewinnen Sie Spiel und Konflikt!

Konfliktgründe

Konfliktpotenzial bietet unser Alltag zur Genüge. Von einer kleinen Meinungsverschiedenheit bis zum Konflikt, ist es meist nur ein kleiner Schritt. Um die tatsächlichen Auslöser eines Konflikts zu bestimmten, ist es wichtig, zunächst die Rolle rückwärts zu machen. Es ist also nicht die Frage, welcher Tropfen das berühmte Fass zum Überlaufen gebracht hat, sondern, warum sich das Fass überhaupt bis zum Rand gefüllt hat. Die Betrachtung der Konflikt-Themen kann zu Ursachen führen, die weit über das vordergründige Konfliktfeld hinausgehen.
Grund dafür ist, dass sich Konflikte auf verschiedenen Ebenen abspielen, denen wir uns im Folgenden widmen werden.

Konfliktebenen

- Sachkonflikte
  Die Bewertung eines Sachkonfliktes ist am einfachsten. Dieser bezieht sich auf konkrete Situationen und die Fakten und liegen somit auf der Hand.

- Beziehungskonflikte
  Annähernd jeder Sachkonflikt bürgt das Potenzial in sich, zum Beziehungskonflikt heranzureifen. Insbesondere bei unfairen und andauernden Anfeindungen.
  -> *Persönliche Abneigung zweier Teamkollegen.*

- Bedürfniskonflikte
  Bei diesem Konflikt besteht ein Zwiespalt zwischen Wünschen und Bedürfnissen zweier Parteien.
  -> *Der Trainer möchte Taktik einstudieren. Die Spieler möchten ein ausgiebiges Trainingsspiel absolvieren.*

- ➢ Wertekonflikte
  Hier geht es um einen Handlungskodex. Es herrscht eine konträre Auffassung über das Richtige und das Wichtige.
  -> Der Trainer möchte eine zusätzliche Trainingseinheit am Wochenende ansetzen vs. der Trainer möchte mehr Zeit mit der Familie verbringen.

- ➢ Rollenkonflikte
  Jeder will das Sagen haben. Es finden kleine Machtkämpfe statt.
  -> Kampf um das Kapitänsamt innerhalb der Mannschaft zwischen dem amtierenden Kapitän und dem aufstrebenden Jüngling mit Führungsanspruch.

- ➢ Methodenkonflikte
  Das Ziel ist fix definiert und es herrscht Einigkeit. Der Weg dorthin ist umstritten.
  -> Realisierung des Aufstiegs durch externe Neuzugänge oder durch intensiveres Training, unter Beibehaltung des bestehenden Kaders?

- ➢ Verteilungskonflikte
  Hierbei geht es um die Wertschätzung. Die Vereinsschatulle wird geöffnet.
  -> Fließen die finanziellen Mittel in die Jugendabteilung zur Anschaffung neuer Trainingsanzüge oder in den neuen Stürmer der Herrenmannschaft?

Leitlinien

„Die höchste Form der Kommunikation ist der Dialog"

(August Everding)

Lassen Sie sich von eigenen Konflikten oder denen anderer nicht aus der Spur bringen. Die folgenden Leitlinien sollen Ihnen dabei eine Stütze sein.

- ➢ Schweigen ist Silber, Reden ist Gold

    Dieses Sprichwort gibt es auch in umgekehrter Reihenfolge, richtig.
    Beim Konfliktmanagement ist das Schweigen denkbar unangebracht.
    Durch Verschweigen und Vertuschen werden Konflikte in den Untergrund verdrängt. Erinnern Sie sich, dass Kommunikation die Grundvoraussetzung der sozialen Interaktion ist - und somit erst recht Voraussetzung für das Konfliktmanagement. Eine rechtzeitige und entschlossene Konfliktlösung ist gefordert. Ein Aussitzen der Probleme ist keine Option.

- ➢ Großer Knall vs. schwelender Konflikt

    Es gibt beide Arten der Konflikte. Der Letztere ist als deutlich gefährlicher zu erachten. Beim ersten Konflikt mag es möglicherweise ordentlich zur Sache gehen, jedoch besteht auch die Möglichkeit einer schnellen Konfliktlösung. Der heimliche Konflikt vergiftet jedoch die Atmosphäre und da er im Verborgenen geführt wird, besteht keine Möglichkeit der Klärung. Bricht dann ein Konflikt aus, kann es für eine friedliche Lösung bereits zu spät sein.

- ➢ Emotion vs. Vernunft

    Wenn es im Karton rappelt, haben die Vernunft und Logik nur allzu oft Auszeit. Menschen reagieren emotional und lassen Ihrem Unmut freien Lauf. Mit einer guten Argumentation allein, kommen Sie unter Umständen nicht weit.

- ➢ Ein Konflikt kommt selten allein

    Meist ist bereits ein ganzes Paket an Konflikten geschnürt. Je später sich ein Konflikt löst, desto schneller wird aus einem glimmenden Grashalm, ein ganzer Waldbrand. Ungeklärte Sachfragen schädigen eventuell die persönlichen Beziehungen. Der Blick über den Tellerrand hinaus, wie bereits beim

„überlaufenden Fass" erwähnt, gewinnt hohe Bedeutung.

> Konflikte sind positiv

Der Mensch strebt nach Harmonie. Diese wiederum kann aber zu Stillstand führen. Ein Konflikt jedoch bringt die Chance zur Veränderung, weil festgefahrene Strukturen hinterfragt werden. Somit besteht die Chance zur Veränderung und Verbesserung. Ein weiterer positiver Nebeneffekt der Konflikte ist, dass sich die Konfliktpartner besser kennenlernen, da sie sich einander offenbaren, indem sie ihre Wünsche und Bedürfnisse platzieren.

> Konfliktmanagement = Führungsaufgabe

...und somit Ihre Aufgabe als Trainer. Im Krisenfall sind Sie Vermittler und Moderator des Konflikts, denn Sie wollen eine positive Lösung herbeiführen, was zur Wiederherstellung eines positiven Mannschaftsklimas führt.

Konflikt-Prävention

„Vorbeugen ist besser als heilen."

(Hippokrates)

Um Konflikte zu vermeiden, müssen Sie die Anlässe für Auseinandersetzungen kennen. Dazu müssen Sie die Ursachen kennen.

> Leistungsunterschiede

...und damit einhergehende Über- und Unterforderung der Spieler.

- Teamzusammenstellung

  Introvertierte Spieler – extrovertierte Spieler, Techniker – Kämpfer, Intellektuelle – Arbeiter, Routiniers – Nachwuchsspieler. Verschiedene Typen und Charaktere müssen ständig zusammenarbeiten. Das bürgt Konfliktpotenzial.

- Neue Rangordnung

  „Altgediente" fühlen sich vor den Kopf gestoßen, weil neue Spieler für die jeweilige Position verpflichtet wurden.

- Intoleranz

  Vorstandsmitglieder akzeptieren nur eine Art, Ziele zu erreichen. Das wird der Realität des Teams nicht gerecht und erzeugt Druck bei „Abweichlern".

- Schwierige Arbeitsbedingungen

  Zu wenig Trainingsmaterial, mehrere Mannschaften auf einem Trainingsplatz.

- Mangelnde Unterstützung

  Der Trainer macht alles und fühlt sich allein gelassen; der Betreuer fühlt sich ausgenutzt und lässt seinem Unmut freien Lauf - Teamspirit dahin!

- (Gefühl der) Ungleichbehandlung

  Ein Auswechselspieler fühlt sich in der Mannschaft weniger akzeptiert als ein Leistungsträger.

- Falsche Aufstellung

  Spieler werden nicht entsprechend der Stärken und Schwächen eingesetzt.

> Unklare Hierarchieleiter

  Trainer, Vorstand, Teammanager, Präsident, Fachwart, Platzwart? Es herrscht Unklarheit, wer wem etwas zu sagen hat.

> Fehler in der Mannschaftsführung

  Falscher Führungsstil - in Bezug auf die Spieler - unklare Entscheidungen, mangelnde Kommunikation, „verwässerte" Regeln und Konsequenzen.

Konfliktmoderation und –lösung

Selbst bei guter Teamführung und hervorragendem Mannschaftsgeist kann es im Teamgefüge knirschen. Das ist ganz normal. Friktionen entstehen generell, dürfen aber nicht „das Ganze" gefährden. Die Spieler untereinander müssen nicht unbedingt gute Freunde sein, jedoch gute Mannschaftskameraden. Versuchen Sie in Ihrer Führungsfunktion, Konflikte unter Spielern erst von den Spielern selbst lösen zu lassen. Einigen sich Ihre Spieler, so ist auch für Sie die Sache als erledigt abzuhaken.

Halten die Streitigkeiten länger an, so führen Sie erst ein Einzelgespräch mit den Spielern und im Anschluss daran ein Sechs-Augen-Gespräch. Nachdem alle Parteien eine Nacht über den Vorfall geschlafen haben, besprechen Sie die Aktion noch einmal in der gesamten Gruppe und erklären den Vorfall am Ende für erledigt.

Sollte ein Konflikt unter Teamkameraden nicht geschlichtet sein, ist die Konfliktlösung eine Führungsaufgabe. An dieser Stelle haben Sie die Torte im Gesicht. Es gilt die Eskalation zu verhindern, entschlossen zu handeln, eine Lösung herbeizuführen und dabei stets die Ruhe zu bewahren.

Treten Sie auf die Emotionsbremse, indem Sie folgende Einstellungen an den Tag legen:

➤ Think positive

Erinnern Sie sich an die Chancen eines Konfliktes aus dem letzten Abschnitt.

➤ Geduld und Fingerspitzengefühl

Gehen Sie offen und unverkrampft mit dem vorliegenden Konflikt um. Als Trainer sind Sie eine Autorität und Ihre Spieler spiegeln Ihr Verhalten. Eine positive Haltung zum Konflikt wird auf Ihre Gegenüber transferiert.

➤ Die Schuldfrage ist irrelevant

Vielmehr geht es darum, das Problem zu lösen. Schuldige und Unschuldige gibt es in Konflikten selten. Ohnehin gesteht selten jemand seine Schuld ein. Suchen Sie nicht den Schuldigen und vermeiden Sie eine weitere Verhärtung der Fronten. Klären Sie die unterschiedlichen Positionen und ebnen den Weg zu einer Einigung, um das Team wieder funktionsfähig zu machen.

➤ Es gibt keinen Verlierer!

Genauso, wie Sie keinen Schuldigen ausmachen, sollten Sie vermeiden, dass am Ende eine Konfliktpartei als Verlierer dasteht, denn dann besteht die Gefahr, dass eine „Rechnung offen bleibt". Die Konfliktlösung soll möglichst beide Konfliktparteien zufriedenstellen.

➤ Respekt und Toleranz zeigen

Jeder hat das Recht auf seinen eigenen Standpunkt und seine eigene Meinung. In jedem Konflikt gibt es verschiedene Sichtweisen und Perspektiven, die aber nicht die Person des anderen in Frage stellen. Niemand muss von seiner bisherigen Ansicht abgebracht werden und von einer anderen überzeugt werden.

> Bleiben Sie neutral

Als Moderator eines Konfliktes bleiben Sie stets neutral.

Konfliktlösung in fünf Schritten

1. Konfliktentstehung

   Der Konflikt wird häufig anhand von Kleinigkeiten und Nichtigkeiten transparent. Dahinter verbergen sich jedoch oft verletzte Gefühle.

2. Wahrnehmung der Konfliktsignale

   Die eigene Person und/oder die andere Partei nehmen Verhaltensänderungen wahr, die sich in folgenden Anzeichen äußern:

   - scharfer Umgangston
   - angespannte Stimmung
   - verbale Angriffe
   - Desinteresse
   - Widerstand
   - Sturheit
   - Rückzug
   - uneingeschränkte Anpassung
   - falsch aufgesetzte Freundlichkeit

   Die Verhaltensinterpretation des anderen, setzt eine gute Kenntnis des Gegenüber sowie eine generelle Menschenkenntnis voraus.
   Vermeiden Sie unbedingt Vorurteile und vorschnelle Bewertungen, indem Sie gezielt nachfragen, anstatt zu grübeln oder fehlerhafte Schlüsse zu ziehen.

3. Konfliktanalyse

   Die Analyse erfolgt durch die Konfliktbeteiligten. Es gilt, die Sachlage richtig einzuordnen.

- Konfliktebene
  (Sachebene?, Beziehungsebene? etc.)
- Konfliktursache
  (Auf die Rolle des entscheidenden Tropfens, der das Faß zum Überlaufen brachte und die Frage, warum es sich überhaupt bis dahin gefüllt hatte, sind wir im vorherigen Kapitel eingegangen. Prüfen Sie die jeweilige Situation anhand der aufgeführten Punkte)
- Konfliktphase *(Wie weit ist der Konflikt fortgeschritten? In der Anfangsphase äußern die Konfliktparteien in der Regel Zurückhaltung in den Mitteln der Konfliktführung. Zum Ende scheinen alle Methoden recht, um den Gegner zu „eliminieren")*

4. Konflikthandeln

   Die Art der Konfliktreaktion ist meist abhängig von den Einstellungsmustern der Beteiligten.

Konflikt	Konfliktreaktionen der Beteiligten		
	Unvermeidbar; Ausgleich nicht möglich	Vermeidbar; Ausgleich nicht möglich	Vermeidbar; Ausgleich möglich
Aktive Reaktion	Kämpfe	Rückzug; eine Partei gibt auf	Problemlösung
	Vermittlung, Schlichtung	Isolation	tragfähiger Kompromiss
Passive Reaktion	Zufälliges Ergebnis	Ignorieren des anderen	friedliche Koexistenz

Abb. 18 Konfliktreaktionen

Hierzu gehen wir in ein praktisches Beispiel. Es herrscht ein Konflikt zwischen Ihnen (als Trainer) und einem Ihrer Spieler. Der Spieler moniert mangelnde Einsatzzeiten, obwohl er bei jeder Trainingseinheit mitwirkt.

Als Trainer und Autoritätsperson sollten Sie Reaktionen fördern, die konstruktiv für die Konfliktbearbeitung sind. Diese sind in der oberen Grafik grau markiert. Nach Blake/Mouton (1980; zugleich Quelle der Tabelle „Konfliktreaktionen") bietet es sich an, eine gleichermaßen hohe Gewichtung zwischen Eigeninteressen und der Interessen des Gegenüber, aktiv vorzunehmen, um einen gemeinsamen Konsens erreichen zu können. In diesem Fall besteht zwischen Ihrer Macht (Eigeninteressen) und den Harmoniebestreben (Berücksichtigung der Interessen des Gegenübers), ein Gleichgewicht. Ergebnis ist die Problemlösung oder (zumindest) ein tragfähiger Kompromiss. Wird ein Konflikt mangelhaft oder gar nicht thematisiert, wird der Problemlösung nur ausgewichen. Werden die Interessen einer Partei unterdrückt, so gilt das Ergebnis als gezwungen und bietet neues Konfliktpotenzial.

Nun ist es wahrlich nicht einfach, das Problem der mangelnden Einsatzzeiten Ihres Spielers zu lösen. In jeden Fall rate ich Ihnen, ein Konfliktgespräch zu führen. Den Aufbau des Konfliktgespräches stelle ich Ihnen nun vor.

<u>Das Konfliktgespräch</u>

A. Vorbereitung

- Schaffen Sie gute Gesprächsbedingungen
- Laden Sie Ihren Spieler zu einem Gespräch ein
- Informieren Sie über die eingeplante Gesprächsdauer
- Wählen Sie einen ruhigen Ort, an dem Störungen vermieden werden (Café, Trainerkabine etc.)
- Planen Sie ausreichend Zeit ein
- Setzen Sie sich Gesprächsziele
- Sammeln Sie Fakten
- Fertigen Sie Notizen an

B. Gesprächsführung / innere Einstellung

+ Zeigen
→ Aufgeschlossenheit vermitteln, genaues Zuhören, Rücksichtnahme und Verständnis zeigen, Fachkompetenz vermitteln, frei von Vorurteilen sein, geduldig sein, rhetorische Ausdrucksfähigkeit zeigen

- Vermeiden
→ Vorurteile, Verstreutheit, Desinteresse, Ablenkung, negative Emotionen, Misstrauen, Verallgemeinerungen (man, einige, immer, stets usw.), Killerphrasen („Alles Quatsch", „Du hast doch keine Ahnung")

C. Phasen der Gesprächsführung

(Nachfolgender Ablauf gilt als grobe Orientierung)

1. Analyse des Problems
→ *Austausch über Soll- und Ist-Situation, Schwierigkeiten, Störungen, Belastungen, Motivationen in Hinsicht auf die mangelnden Einsatzzeiten*

2. Zielsetzung des Gespräches
→ *Wahrung der Interessen beider Parteien; Gleichgewicht zwischen Macht des Trainers und dem Harmoniebestreben; unter Berücksichtigung der Spielerinteressen. Wie sieht das Wunschszenario beider Seiten aus? Was ist dafür notwendig?*

3. Lösungsansätze entwickeln und für Lösungsansatz entscheiden

(Lassen Sie den Spieler die Initiative ergreifen)

→ *Spieler trainiert weiter intensiv (auch individuell), will sich in der Vorbereitung aufdrängen, Durchhaltevermögen und*

Motivation zeigen und sich nicht entmutigen lassen; dann faire Chance vom Trainer und Aussicht auf mehr Einsatzzeiten

→ Gemeinsame Entscheidung für einen Lösungsansatz
Der Spieler hat einen konstruktiven Lösungsansatz präsentiert, dem Sie sich vollumfänglich anschließen können

→ Formulierung von Maßnahmen für die Zukunft
Der Spieler sucht in Zukunft bei aufkommender Unzufriedenheit unmittelbar das Gespräch und „frisst das Problem nicht in sich hinein".
Der Spieler wird den Verein nicht wechseln, sondern um seinen Stammplatz kämpfen

→ Feedback über den Gesprächsverlauf
Beide Seiten äußern sich. Sie bedanken sich für das vertrauensvolle Gespräch, zeigen den besonderen Nutzen des Gesprächs auf und bewerten Sie das Gespräch als Erfolg (sofern es als Erfolg zu werten ist)

D. Gesprächsabschluss

→ Gesprächsinhalt reflektieren und gegebenenfalls dokumentieren
→ Kurze Zusammenfassung des Gesprächsverlaufes und der –inhalte; zusätzlich positiver Ausblick in die Zukunft

5. Bewertung der Konfliktbearbeitung

Nach Konfliktlösung suchen Sie mit Ihrem Spieler erneut das Gespräch. In einer Reflexion untersuchen beiden Parteien, ob es zu einer zufriedenstellenden Konfliktlösung gekommen ist oder ob Nachsteuerungsbedarf besteht.

Struktur und Konsequenzen

„Auch aus Steinen, die einem in den Weg gelegt werden, kann man etwas Schönes bauen"

(Johann Wolfgang von Goethe)

Eine Situation, wie sie jeder Trainer kennt. Sie haben einen Querkopf in Ihren Reihen. Ein überragender Sportler, absoluter Leistungsträger...und ein unglaubliches „Charakterschwein". Es ist hinlänglich bekannt, dass dieser tolle Sportler lediglich an seiner Persönlichkeit, auf dem Weg nach ganz, oben gescheitert ist. Dieser Spieler hat wiederholt Grenzen überschritten. Nachdem er bereits unentschuldigt beim letzten Training gefehlt hatte, verspätet zum Ligaspiel erschien und nun - zum wiederholten Male - seine Mitspieler verbal attackiert hat, ist bei diesem Spieler das Maß voll. Er hat seine Grenzen deutlich überschritten. Es gibt Situationen für einen Trainer, da muss man schnelle und wohlüberlegte Entscheidungen treffen. Sicherlich kann man sich den Mannschaftsrat in solchen Fällen zurate ziehen, aber die endgültige Entscheidung liegt beim sportlichen Leiter.
Achten Sie darauf, dass Sie das Mannschaftsklima mit solchen „Härtefällen" nicht vergiften. Ein guter Sportler zeichnet sich nicht nur durch sein praktisches Können aus. Bedenken Sie unbedingt die charakterliche Eignung und die Teamfähigkeit dieses Spielers. Oft genießen Leistungsträger Narrenfreiheit, weil die Trainer lediglich an den sportlichen Erfolg denken – auf Kosten der Stimmung im Team. Es ist nicht immer nur das sportliche Können, welches über Erfolg und Misserfolg eines Teams entscheidet. Wägen Sie deshalb genau ab, ob Querköpfe wirklich weiterhelfen oder ob es besser ist, die Zusammenarbeit zu beenden. Achten Sie dabei insbesondere auf die Verhaltensmuster des restlichen Teams gegenüber diesem Spieler.
In diesem Fall ist nichts mehr zu machen. Der Tenor des Teams ist, dass dieser Spieler ständig für Unruhe sorgt, welche das Mannschaftsklima belastet. Eine Integration ins Mannschaftsgefüge wird als unmöglich betrachtet. Folgerichtig teilt ihm die sportliche Leitung mit, dass er wiederholt über die

Stränge geschlagen hat und sich einen neuen Verein suchen muss. Diese konsequente Entscheidung erfordert Mut. Jedoch kann genau dieses Verhalten mit einer Leistungs- und Motivationssteigerung des übrigen Teams einhergehen.

Wir sind ein Team!

"Gemeinschaft ist nicht die Summe von Interessen, sondern die Summe an Hingabe"

(Antoine de Saint-Exupery)

Ihre Mannschaft schwebt auf einer Welle des Erfolges. Positiver Nebeneffekt ist das Aufsteigen auf den zweiten Tabellenplatz. Der Tabellenführer kann noch einen Zähler mehr aufweisen. Das Spitzenspiel ist in nicht allzu weiter Ferne. Es gilt, die Pflichtaufgaben zu meistern und parallel auf Ausrutscher der Konkurrenz zu hoffen. Ihre Mannschaft kann schon jetzt einen großen Erfolg aufweisen. Alle Mannschaftsmitglieder und auch Sie, gehen die Aufgaben mit Spaß an und harmonieren prächtig auf der menschlichen Ebene. Der Teamgeist basiert auf Vertrauen, Kommunikation, gegenseitiger Verantwortung (miteinander und füreinander), Fürsorge und Stolz – den Faktoren, die für ein intaktes Team primärer sind als technisches Können.

Vergleichen wir Ihr Team mit einer Hand. Sie besitzen vier Finger und einen Daumen, die sich in Aussehen, Größe und Stärke unterscheiden. Ein Finger ist vielleicht Krumm, den Ringfinger können Sie nur bis zu einem bestimmten Punkt anwinkeln, mit einem kleinen Finger können Sie keine großen Lasten tragen. Jedoch bilden alle Finger - im Zusammenspiel - eine starke Hand, die filigran hantieren kann und zugleich große Lasten stemmen kann – kurz gesagt, perfekt funktioniert. Genauso ist es mit Ihrem Team. Erziehen Sie Ihre Athleten so, dass ein Einzelner allein - ohne seine Teamkameraden - nichts erreicht.

Die richtigen Knöpfe drücken

In den entscheidenden Wochen der Saison präsentieren Sie sich in Höchstform. Nie waren Sie wichtiger für Ihre Spieler als jetzt. Ein Menschenführer par excellence. Sie verhalten sich vertrauenswürdig Ihren Spielern gegenüber, sind zuverlässig und in keinster Weise vorhersehbar. In Ihrem Wesen sind sie gleichbleibend – ruhig und besonnen. Sie sind so strukturiert, eingestellt und kalkulierbar, dass keinerlei Freude aus Ihrem Team ausradiert wird.

Ein Trainer weiß, wie er seine Spieler motiviert. Er weiß, wie die Spieler auf bestimmte Dinge reagieren – individuell und als Gruppe. Der Trainer kann jederzeit einschätzen, welchen Knopf er drücken muss - und zu welcher Zeit. Man ist in der Lage in den Kopf der Spieler zu sehen. Es gibt Zeiten, da konfrontiert man seine Spieler mit der Wahrheit und holt sie so auf den Boden zurück. Es gibt aber auch Zeiten, in denen Sie Ihren Spielern viel Freiraum geben und nur vereinzelt coachen. Dann wiederum gibt es Phasen, in denen Sie Spieler etwas zurücksetzen (nicht ignorieren!), um ein Verhalten zu beseitigen sowie die Einsicht zu fördern und es gibt Zeiten, in denen Sie Ihre Spieler einfach nur in den Arm nehmen.

Bedenken Sie, dass jeder Ihrer Spieler anders ist und eine andere Motivation benötigt. Einige Spieler liefern Höchstleistung ab, wenn sie in den Himmel gelobt werden, andere Spieler heben ab. Es gibt auch das andere Phänomen. Spieler müssen kritisiert werden, damit die Höchstleistung aus ihnen „herausgekitzelt" wird, andere Spieler werden durch Kritik gehemmt.

Ein Trainer kann nicht erwarten, dass er etwas sagt, es von den Spieler vollumfänglich aufgenommen wird und die Spieler anschließend gut performen. Natürlich müssen die richtigen Methoden hierfür angewandt werden.
Selbstverständlich ist sich ein guter Trainer der Methoden bewusst und weiß, wann er diese anwenden muss, um jeden Spieler zeitgleich zur Höchstleistung zu motivieren - individuell und als Team. Sicherlich bemerken Sie beim Lesen, dass wir

immer wieder bei den Themen „Beziehung und Kommunikation" ankommen, unabhängig davon, welchem Thema wir uns widmen. Diese Topics stehen allwährend im Fokus, vielmehr als beispielsweise die sportliche Leistungsfähigkeit. Viele Meisterschaften werden gewonnen, aufgrund dessen was in der Kabine passiert und nicht aufgrund dessen, was auf dem Platz passiert.

Selbstvertrauen

„Du wirst zu dem, was du denkst"

(Aristoteles)

Zeigen Spieler eine gute Leistung, so bekommen sie Selbstvertrauen und mit Selbstvertrauen kommt der Glaube an sich selbst – in dieser Reihenfolge. Ihre Spieler müssen Selbstvertrauen haben, um ihr volles Potential ausschöpfen zu können. Wenn Menschen etwas erreichen, für das sie hart arbeiten mussten, fühlen sie sich hervorragend, beflügelt und bestätigt.

Umgang mit Niederlagen

Im Saisonendspurt hat Ihr Team eine Niederlage gegen einen vermeintlich einfachen Gegner erlitten. Das wirft Sie im Kampf um die Meisterschaft zurück. Am nächsten – und zugleich letztem Spieltag - steigt das Spitzenspiel gegen den Tabellenführer. Durch zusätzlichen Druck aus der Führungsetage, wird der Ton rauer. Unruhe kommt auf.

Trainer sollten versuchen, die Köpfe Ihrer Spieler frei von Unruhe und Chaos zu halten. Das sorgt für eine bestmögliche Geisteshaltung und somit für die bestmögliche Spielvorbereitung. Lassen Sie sich in Ihrer Geisteshaltung nicht aus der Ruhe bringen. Unruhe durch die Führungsetage ist nicht ungewöhnlich. Jedoch kann die Mannschaft gestärkt auftreten, wenn der Club einmal nicht hinter dem Trainer steht. Voraussetzung ist eine intakte Beziehung zwischen Trainer und Mannschaft. Nur dann kann der Trainer seine Autorität –

unabhängig von Zweifeln aus der Vorstandsetage – uneingeschränkt ausüben.

Jede Niederlage kann eine große Chance für ein Team sein, um „zu wachsen". Voraussetzung dafür ist, dass Ihr Team – und auch Sie – mit Niederlagen umzugehen wissen. Vergessen Sie niemals eine Niederlage, denn sie kann der Grundstein für einen späteren Erfolg sein. Analysieren Sie dazu, was falsch gelaufen ist. Justieren Sie und starten Sie neu. Niederlagen gehören zum Trainergeschäft. Werfen Sie nicht gleich beim ersten Rückschlag die Flinte ins Korn. Verwerfen Sie den Gedanken sofort, sobald er Ihnen im Kopf herumschwirrt.

„Fest und stark ist nur der Baum, der unablässig Windstößen ausgesetzt war, denn im Kampf festigen und verstärken sich seine Wurzeln"

(Seneca)

Niederlagen bieten zudem die Chance, die Segel anders zu setzen. Solange die Ergebnisse stimmen, werden viele Dinge nicht hinterfragt. Bei Niederlagen ist es anders. Die Dinge werden bei Niederlagen wesentlich intensiver analysiert und es besteht eine größere Bereitschaft zur Veränderung. Während kritischer Phasen ist es dem Trainer nicht gestattet, sich selbst zu bemitleiden. Erscheinen Sie nicht schwach, entmutigt, schlecht gelaunt oder wütend. Zeigen Sie diese Gefühle nicht, denn es fließt in Ihre Autorität ein und vermittelt, dass man vom eigenen Konzept nicht (mehr) überzeugt ist. Vermeiden Sie ebenfalls das Prinzip der Bestrafung. Es ist keine Schande, seinen Sportlern nach einer Niederlage trotzdem einen freien Tag zu gönnen. Nur allzu gerne fordern Außenstehende bei Niederlagen Konsequenzen und Bestrafungen. Verzichten Sie darauf und denken daran, dass jede Erfahrung – egal ob Erfolg oder Scheitern – bereichert. Das Einzige, was wirklich Niederlage gewertet wird ist, dass man nicht das Beste gegeben hat, weil es in diesem Fall eine Niederlage, aufgrund der Einstellung war und nicht, aufgrund von sportlicher Leistung.

Fair Play

„Verlangt ist nicht nur die formelle Beachtung von Regeln. Nie werden geschriebene Regeln die menschliche Haltung des Fair Play ersetzen können. Der Sportler, der das Fair Play beachtet, handelt nicht nach dem Buchstaben, er handelt nach dem Geiste der Regeln."

(Richard von Weizsäcker)

Widmen wir uns nun einem Thema, welches mir persönlich am Herzen liegt und generell jedem, der den Sport liebt, am Herzen liegen sollte. Das aufgeführte Zitat beschreibt den Begriff „Fair Play" nahezu perfekt. Die menschliche Haltung steht im Vordergrund, gekennzeichnet durch Achtung und Respekt, nicht nur durch niedergeschriebene Regeln. Treten Sie als Vorbild auf und fordern Sie auch von Ihren Spielern das Fair Play ein, unabhängig vom sportlichen Ehrgeiz. Der sportliche Erfolg soll „nicht um jeden Preis" erlangt werden. Insbesondere wird auf die körperliche und seelische Unversehrtheit aller Sportler geachtet und nicht zuletzt Haltung in Sieg oder Niederlage bewahrt. Ein korrekter, partnerschaftlicher Umgang mit Schiedsrichter und Gegner bildet die Grundlage des Fair Play.

Dem Druck standhalten

In Drucksituationen kommt es darauf an, die Nerven zu behalten. Das Saisonende naht. An der Tabellenspitze zeichnet sich ein Kopf-an-Kopf-Rennen ab. In der Hauptrolle unter anderem: Ihr Team. Auf der Tagesordnung steht das Spitzenspiel. Tabellenführer gegen Zweitplatzierten. Beiden Teams ist die Bedeutung dieses Spiels bewusst, geht es in diesem sogenannten „Sechs-Punkte-Spiel" um die Entscheidung der Meisterschaft. Ein Sieg für Ihr Team ist Pflicht, denn dann übernehmen Sie die Tabellenführung. Am letzten Spieltag haben beide Teams gepatzt. Nach intensiver Gegnerbeobachtung kennen Sie den Gegner, wie Ihre Westentasche. In der Matchwoche wollen Sie Ihr Team auf die Drucksituation vorbereiten.

Das ist zunächst einmal leichter gesagt als getan. Ein Elfmeter, ein Rückstand kurz vor Spielende, ein allein auf das gegnerische Tor zustürmender Spieler - alles Drucksituationen, die Ihrem Team im Spitzenspiel widerfahren können. Durch gezielte Trainingsübungen und –varianten können Sie Ihr Team auf alle Eventualitäten vorbereiten, denn solche Situationen sind trainierbar. Entscheidend ist, dass Sie Ihre Spieler immer wieder in Drucksituationen versetzen. Wie bei den meisten Übungen hängt der Erfolg von der Anzahl der Wiederholungen ab, bis letzten Endes ein Gewöhnungseffekt eintritt. Ein Spieler, der Druck gewohnt ist, kann in prekären Situationen die Übersicht behalten. Er besitzt die Fähigkeit, die Umgebung auszublenden und sich auf das Wesentliche zu konzentrieren. Bleiben wir beim Beispiel des Stürmers, der kurz vor Spielende auf den gegnerischen Torwart zuläuft. Dem Stürmer gelingt es, die Rufe der Fans zu ignorieren, er bekommt keine weichen Knie und ihm schießen nicht unzählige Gedanken durch den Kopf. Dieser Stürmer schafft es, sich nur auf das Wichtigste, den erfolgreichen Torabschluss, zu konzentrieren.

Im Training simulieren Sie solche Situationen, damit Sie demnächst über eine Vielzahl solcher Spieler, wie den fiktiven Stürmer aus dem vorherigen Beispiel, zu verfügen. Idealerweise gelingt Ihnen das durch die Beeinflussung des Trainingsspiels. Durch schnelle und überraschende Regeländerungen zwingen Sie Ihr Team zum Handeln. In Konsequenz müssen sich Ihre Spieler mit einer neuen Situation auseinandersetzen und mit dieser unmittelbar umgehen lernen.

Beispiele:

> ➢ Für ein kurzes Zeitintervall zählen die Treffer einer Mannschaft doppelt. In der Folge muss Team A den Vorteil nutzen, schnell ein Tor zu erzielen, dabei allerdings die Defensive nicht vernachlässigen. Im Gegenzug gilt es für Team B, die Defensivordnung aufrecht zu erhalten, um keine doppelten Gegentore

zu kassieren, aber trotzdem durch eigenes Offensiverhalten Entlastung zu schaffen.

- Um das Spiel auf die Außenbahnen zu fixieren, spielen die Teams auf 2x3 Tore, wobei die äußeren Tore doppelt zählen.
- Um das Verschieben zu fördern, zählen alle Tore nur, wenn die gesamte Mannschaft über die Mittellinie verschoben hat.
- Für den schnellen Torabschluss zählen Tore nur durch Direktabnahme.
- Die Ballzirkulation schulen Sie, indem Tore nur zählen, wenn durch bestimmte Zonen, die Sie vorab definiert haben, gespielt wird.
- Das schnelle Einfinden in die taktische Grundordnung erreichen Sie, indem Sie mehrere Spielfelder abstecken und auf Zeichen (z. B. Pfiff) in einem anderen Spielfeld weiterspielen lassen.
- Eine zusätzliche konditionelle Belastung schaffen Sie, indem Sie, neben dem abgesteckten Spielfeld, einen kurzen Sprint-Parcour einbauen, den verschiedene Spieler abwechselnd durchlaufen müssen (z. B. jeweils 1 Spieler pro Team), um im Anschluss wieder unmittelbar am Spielgeschehen mitzuwirken.
- Um das Passspiel in die Spitze zu fördern, zählen die Tore der Stürmer für begrenzte Zeit doppelt.
- Den genauen Torabschluss simulieren Sie, indem Sie eine klassische Bolzplatz-Regel anwenden: Mehrere vergebene Chancen (= "Ecken") haben einen Elfmeter zur Folge.
- Ein konzentriertes Defensivspiel wird gefördert, indem eine Mannschaft einen Punkt erhält, wenn diese eine bestimmte Zeit ohne Gegentreffer übersteht.

Damit habe ich lediglich eine kleine Auswahl an Möglichkeiten zur Druckschulung aufgeführt. Ihrer Kreativität sind keine Grenzen gesetzt. Gerne können Sie diese Liste durch Ihre eigenen Inspirationen erweitern. Signifikant ist, dass Sie Ihre Spieler stetig mit Drucksituationen vertraut machen und somit diese Drucksituationen im Spiel bewerkstelligen können.

Umgang mit Stress

Der Trainerjob ist stressig. Häufig finden wir unsere Erfüllung in der Trainertätigkeit, sodass sich der Stress beim Sport positiv auswirkt. In diesem Fall sprechen wir von Eustress, positivem Stress. Da wir den Stress aber im Zusammenhang betrachten müssen, kommt es häufig zu Distress, negativem Stress. In diesem Fall ist höchste Vorsicht geboten, weil sich Distress negativ auf die Gesundheit auswirken kann. Als Trainer werden Sie in der Regel keine Rücksichtsnahme auf Ihren Stress erwarten können. Deshalb ist es umso wichtiger, den Stress händeln zu können. Die Faktoren, welche ein Trainer als stressig erlebt, hängen von der Persönlichkeit ab. Die Ursachen des Stresses können vielfältig sein. Probleme innerhalb der Familie oder mit Kollegen am Arbeitsplatz, Zeit- und Leistungsdruck und die individuellen Lebensereignisse sind nur einige von vielen Faktoren, die Stress auslösen können.

Ursachen von Stress

Es gibt viele Ursachen, die uns Menschen Stress empfinden lassen. Bei uns in der westlichen Welt denkt man wahrscheinlich eher an Beruf und Familie, während es in anderen Regionen der Welt eher existenzielle Gründe, wie Hungersnot oder kriegerische Auseinandersetzungen, sind.

Stress kann durch äußere und innere Einflüssen ausgelöst werden. Zu den äußeren Einwirkungen zählt beispielsweise das Wetter (warm, kalt, nass) oder Lärm. Diese Einflüsse führen allerdings eher selten zu Stress.

Vielmehr sind es die inneren Faktoren, die uns belasten. Zu den psychischen Faktoren gehört die Art und Weise, wie wir mit unseren Lebens- und Arbeitsbedingungen umgehen. Häufig geraten wir dann in Stressfallen.

Beispiele:
- perfektionistische Selbstanforderungen
- (übertriebener) Ehrgeiz
- Angst vor Verantwortung
- mangelndes Durchsetzungsvermögen
- starkes Bedürfnis nach Anerkennung und Beliebtheit
- schwach ausgeprägtes Selbstwertgefühl
- Angst vor Ablehnung
- schlechtes Zeitmanagement
- persönliche und seelische Probleme
- ein überfüllter Terminkalender (anstatt zu entspannen)
- schlechte Delegationsfähigkeit

Diese äußeren Faktoren führen zu einer Negativbewertung und sorgen dafür, dass wir uns nicht mehr als Herr der Lage fühlen und reagieren überfordert.
Bei Trainern setzt nicht selten eine „Kettenreaktion" ein. Das Bedürfnis, es allen recht machen zu wollen, ist eine der häufigsten Denkweisen von Trainern. Den gesunden Mittelweg für Familie, Beruf und das eigene Team zu finden, ist als äußerst schwierig zu erachten und führt in häufigen Fällen zu Stress. Weitere Verpflichtungen, wie Einkäufe, Papierkram, Arztbesuche und selbst aktiv Sport zu treiben, müssen nebenbei erledigt werden. Zusätzlich kommen die spontanen, nicht vorhersehbaren Verpflichtungen hinzu.

Das Empfinden, ob ein Ereignis als stressig verspürt wird, hängt jedoch von der individuellen Persönlichkeit und der Einschätzung unserer Fähigkeit, mit diesen Situationen fertig zu werden, ab.

Stressabbau

Damit Ihnen andauernder Stress nicht auf die Gesundheit schlägt, bietet es sich an, bei folgenden Punkten der Stressbewältigung anzusetzen:

- einen besseren, bewussten Umgang mit Stressoren
- die Stressreaktionen unseres Körper mit Hilfe verschiedener Methoden abbauen

Stressabbau durch bewussten Umgang mit Stressoren

Positiv und beruhigend denken

„Wir können den Wind nicht ändern, aber die Segel anders setzen."

(Aristoteles)

Eigentlich sagt dieses Zitat schon alles. Ändern Sie Ihre Einstellung zum Stress. Manche Dinge sind nicht änderbar, aber wir können selbst bestimmten, wie wir darauf reagieren. Selbstverständlich können wir uns selbst bemitleiden, klagen, schimpfen und uns selbst ein schlechtes Gewissen machen – besser noch arrangieren wir uns mit dem Gottgegebenem und reagieren positiv. Dabei hilft es enorm, sich im Selbstgespräch beruhigend zuzureden.

Selbstbestimmtes Handeln

Stress entsteht, wenn Sie das Gefühl haben, die Kontrolle verloren zu haben. Sie fühlen sich ohnmächtig, weil Sie trotzdem von sich verlangen, damit umgehen zu können. Um sich nicht fremdbestimmt zu fühlen, berücksichtigen Sie folgende Tipps:
- Einen Schritt kürzer treten. Schrauben Sie Ihre Anforderungen und Erwartungen an sich selbst gelegentlich runter
- Sagen Sie auch mal NEIN, unabhängig von der Reaktion der gegenüberstehenden Partei
- Nicht permanent erreichbar sein. Schalten Sie Ihr Handy aus! Werten Sie keine E-Mails aus! Lassen Sie die Post liegen!
- Gezieltes Zeitmanagement und Delegation – erinnern Sie sich an das bereits behandelte Kapitel.
- Seien Sie stolz auf das, was Sie erreicht haben. Punkt.

Einer Belastung folgt eine Regeneration

Ändern Sie Ihre Einstellung zu Pausen, Wartezeiten und Verzögerungen. Jeder kennt die Situation, in der man sich schwer beschäftigt verhält, wenn der Vorgesetzte in der Nähe ist. Beachten Sie jedoch, dass Pausen eine ideale Gelegenheit sind, „um Ihren Akku aufzuladen". Das Nicht-Aktiv-Sein wird in unserer Gesellschaft als verwerflich angesehen und das Gefühl des schlechten Gewissens entsteht, aber denken Sie an Ihre Gesundheit. Nach einer stressigen Phase müssen Sie Ihrem Körper die Gelegenheit geben, wieder „runterzukommen", damit der Stress abgebaut werden kann.

Stressabbau durch Entspannungsmethoden

Ein wirksames Mittel für den Stressabbau ist der Sport. Aus Zeitmangel oder aus Bequemlichkeit, vergessen Trainer oft selbst Sport zu treiben. Welchen Sport Sie betreiben, ist letztendlich Ihnen selbst überlassen. Manche haben Ihre Präferenzen im Kraftsport, andere im Ausdauersport, andere sind selbst noch aktive Mannschaftssportler. Bewegung ist die beste Methode, um den Alltagsstress abzubauen, da Stresshormone schnell abgebaut werden.

Eine andere Methode für den Stressabbau, ist autogenes Training. Mithilfe einer Audio-Datei folgen Sie den Anweisungen des Sprechers, entspannen sich und kommen zur Ruhe.

Ein weiterer bewährter Weg zum Stressabbau ist Yoga. Bei Yoga geht es nicht in erster Linie um die körperliche Fitness, sondern vielmehr um Selbstbeherrschung und Gelassenheit. Ziel ist es, den Gedankenfluss zur Ruhe kommen zu lassen, sich dem Moment hinzugeben und die Balance zwischen Körper und Geist, Atem und Bewegung, in Einklang zu bringen.

Jede Entspannungstechnik bezieht die Atmung mit ein. Wenn Ihnen die Zeit für autogenes Training oder Yoga nicht gegeben ist, empfiehlt es sich, für kurze Zeit einen ruhigen Ort aufzusuchen und eine Atemtechnik durchzuführen. Stellen Sie sich aufrecht und mit geschlossenen Augen hin, atmen Sie tief ein und ziehen Sie gleichzeitig die Schultern hoch. Danach atmen Sie komplett aus und lassen die Schultern fallen. Wiederholen Sie diese Atemtechnik beliebig oft.

Als Säugetier ist der Mensch bestrebt, im Einklang mit der Natur zu sein. Machen Sie einen Spaziergang in der Natur. Gehen Sie in den Wald, an den See, in die Berge – völlig egal. Wenn Sie etwas betrachten, das Ruhe ausstrahlt, werden Sie selbst ruhig. Nehmen Sie auf Bänken Platz und beobachten das Geschehen und Sie werden merken, wie der Stress von Ihnen abfällt.

Bitte lächeln! Wenn wir lachen, schüttet unser Körper Endorphine, die sogenannten Glückshormone, aus. Dabei ist es übrigens irrelevant, ob Sie künstlich oder natürlich lachen. Fake it, till you make it!

<u>Stressabbau durch gesunde Lebensmittel</u>

Durch Termindruck vergessen Trainer oftmals zu essen oder ernähren sich, aufgrund der Kürze der Zeit, schlichtweg falsch. Um bei Stress den „Fress-Flash" zu vermeiden, haben Sie immer einige gesunde Lebensmittel in Griffweite. Bei Stress gilt es, den Blutzucker stabil zu halten und somit das Gehirn „auf Trab zu halten". Zur Erhaltung der „geistigen Fitness" spielen die Neurotransmitter Dopamin, Acetylcholin und Serotonin die Hauptrolle. Dopamin und Acetylcholin sind in proteinreichen Lebensmitteln enthalten und sorgen dafür, dass Sie aufmerksam und fokussiert bleiben. Serotonin ist in gesunden Kohlehydratlieferanten, wie zum Beispiel Gemüse und Obst, vorhanden und lässt Sie entspannt bleiben.

Der Tag der Entscheidung

„Du kannst!

Ende der Geschichte"
                                              (unbekannt)

Der Tag X ist gekommen. Es geht um die Meisterschaft. Das Spitzenspiel am letzten Spieltag der laufenden Saison. Mehr Spannung geht nicht. Ihr Team belegt Platz zwei der Tabelle und muss siegen, um am Ende die Meisterschaft zu gewinnen. Die Entscheidung über eine ganze Spielzeit hängt an nur einem Tag – diesen 90 Minuten.

„Du kannst alles haben wovon du nur träumst, wenn du bereit bist den Glaubenssatz aufzugeben, dass du es nicht schaffst"

(Robert Anthony)

Das Team trifft sich heute bereits früher. Man geht zusammen beim Italiener essen und im Anschluss zum Stadion. Dort beginnen Sie mit der Spielvorbereitung, wie Sie im Laufe des Buches beschrieben wurde.

Der Unterschied zwischen guten Trainern und den besten Trainern

Besondere Ereignisse erfordern besondere Maßnahmen. Die heutige Spielbesprechung gleicht jeder anderen, jedoch können Sie verbal tricksen – mit einer ganz besonderen Ansprache. Sind Sie sonst ein eher ruhiger Vertreter, so halten Sie Ihre Ansprache an diesem Tage laut und dynamisch. Zeigen Sie einen entschlossenen Blick und verfahren Sie ebenso mit Ihrer Gestik. Sie können an diesem Tage auch mit einem Anzug erscheinen (unabhängig davon, ob Sie sich vor Anpfiff wieder umziehen). Es geht vielmehr darum, die Spieler aus Ihrem Trott zu reißen. Die Spieler werden dann konzentrierter und feinfühliger in dieses Event gehen. Ein Trainerverhalten – ab vom sonstigen Auftreten – wird umso intensiver aufgenommen und erzielt einen umso größeren Effekt, desto seltener es die Regel ist. An diesem Punkt befinden wir uns wieder beim „richtigen Knopfdruck" Ihrer Spieler. Wenn Ihr Team den Fokus auf gute Vorbereitung, Einsatz und bestmögliche Anstrengung legt, wird Ihr Team niemals ein Verlierer sein, unabhängig vom Ergebnis auf der Anzeigetafel.

Es gibt viele gute Trainer, gleiches gilt für Spieler – alle haben den Willen zu gewinnen, aber nur die besten den Willen, sich auf das Gewinnen vorzubereiten.

Das Blatt zum Guten wenden

„Es erscheint immer unmöglich, bis es jemand getan hat"

(Nelson Mandela)

Mit Ihrem Team legen Sie einen glatten Fehlstart hin und gehen mit einem Rückstand in die Halbzeitpause. Ihre Spieler lassen die Köpfe hängen. Derzeit sieht es so aus, als würde Ihr Team den Kürzeren ziehen. An dieser Stelle müssen Sie erneut versuchen, Ihr Team bestmöglich zu erreichen. Hier noch ein Tipp an alle Trainer: Egal, ob Sie glauben, dass Ihr Team gewinnt oder nicht - es ist wichtig, zuversichtlich zu wirken und das Entsprechende zu sagen.

Liegt es am heutigen Tage an der Nervosität, an der Einstellung der Spieler oder ist der Gegner einfach stärker? Je nach Situation können Sie reagieren und Ihren Spielern einerseits ins Gewissen reden, andererseits derart motivieren, dass Ihre Spieler mit der Tür in der Hand zurück aufs Spielfeld stürmen und auf die zweite Hälfte brennen. Fordern Sie Ihr Team auf, die Initiative zu ergreifen und als Team alles aus sich herauszuholen. Keine Organisation - unabhängig davon, wie gut sie ist – gewinnt Ihren guten Ruf als Individualist. Um ein Gewinner zu sein, muss man überlegen, wie man die

Dinge angeht und meistert und nicht nach Gründen suchen, etwas nicht zu machen.

Im Laufe der zweiten Halbzeit wendet sich alles zum Guten. Ihrem Team gelingt es, das Spiel zu drehen und am Ende geht Ihr Team als Sieger vom Platz. Sie haben das Optimum erreicht, obwohl es einige kritische Phasen während der Saison zu meistern galt. Am Ende setzt sich Ihr Team die Krone auf.

Ab diesem Zeitpunkt befinden Sie sich bereits wieder in der Vorbereitung auf die neue Saison. Ihr Team darf sich aufgrund des Erfolges nicht zurücklehnen. Ihre Mannschaft muss „hungrig bleiben" und darf sich nicht auf dem Geleisteten ausruhen.

Diese Gedanken spielen im Moment des Erfolgs keine Rolle. Genießen Sie den Moment, freuen Sie sich auf die anstehende Abschlussfeier und ein paar Tage Auszeit während der Sommerpause.

An dieser Stelle steige ich aus. Die Siegerehrung steht bevor. Ein Super-Trainer, mit einer großartigen Mannschaft und einer großen Leistungsfähigkeit. Ein echtes Team! Das ist Ihr Moment. Sie bekommen die Trophäe gereicht und strecken sie in die Höhe.

Das ist Ihre Meisterschaft - dank Menschlichkeit.

Miteinander – Füreinander - Mannschaftssport –
Meisterschaft dank Menschlichkeit.

- Ende Szenario 2 –

- Ende des Buches -

Anhang

Ehrenkodex für Fußballtrainer

Zum Abschluss möchte ich Ihnen noch den Ehrenkodex für Fußballtrainer des Bundes Deutscher Fußball-Lehrer (BDFL) an die Hand geben. Dieser eignet sich jedoch auch für alle Trainer in anderen Mannschaftssportarten und soll Ihnen als wichtige Grundlage für Ihr Handeln dienen.

Präambel [6]

Der Ehrenkodex für Fußballtrainer ist ein selbst auferlegter Kanon von Pflichten. Er stellt ein in Worte gefasstes, traditionell gewachsenes, sittlich-moralisch angestrebtes und gewissenbestimmtes Standesethos dar. Er basiert auf dem Prinzip der Verantwortung, sich für das Wohl der Sportlerinnen und Sportler einzusetzen und fordert vorbildliches Verhalten und Auftreten in der Öffentlichkeit und gegenüber Kollegen. Er hat normen- und wertbegründete Orientierungen für das Handeln. Die anzustrebenden Erfolge sind unter Befolgung der geltenden Regeln und unter Beachtung des Fairness – Gebots zu erreichen.

Dabei gilt grundsätzlich:

Die Würde des Menschen, d.h. die Achtung vor jeder Sportlerpersönlichkeit, hat in Training und Wettkampf sowie im Umgang miteinander immer Vorrang und oberste Priorität!

Der Ehrenkodex

1. Der Trainer / die Trainerin respektieren die Würde der Sportlerinnen und der Sportler; diese sind unabhängig vom Geschlecht, sozialer und ethnischer Herkunft, Weltanschauung, politischer Überzeugung und wirtschaftlicher Stellung gleich zu behandeln.

[6] BDFL-Satzung/DSB, 1997, auf: http://www.bdfl.de

2. Der Trainer / die Trainerin bemüht sich, die Anforderungen des Fußballsports in Training und Wettkampf, mit den Belastungen des sozialen Umfelds, insbesondere von Familie und Beruf, in Einklang zu bringen.

3. Der Trainer / die Trainerin bemüht sich um ein pädagogisch verantwortliches Handeln: Sie geben an die zu betreuenden Sportlerinnen und Sportler die wichtigen Informationen zur Entwicklung und Optimierung ihrer Leistungen weiter.

   - Sie beziehen die Sportlerinnen und Sportler bei Entscheidungen mit ein, die sie persönlich betreffen.
   - Sie bemühen sich bei Konflikten um offene, gerechte und humane Lösungen.
   - Sie wenden gegenüber den Athleten keine Gewalt an.
   - Sie erziehen zur Eigenverantwortlichkeit und zur Selbständigkeit in Hinblick auf das spätere Leben

4. Der Trainer / die Trainerin erziehen ihre Sportlerinnen und Sportler darüber hinaus

   - zu sozialem Verhalten in der Trainingsgemeinschaft,
   - zu fairem Verhalten innerhalb und außerhalb des Wettkampfes und zum nötigen Respekt gegenüber allen anderen in das Leistungssportgeschehen eingebundenen Personen (u. a. der gegnerischen Mannschaft, der eigenen Mannschaft, dem Schiedsrichter, den Zuschauern und Medien),
   - zum verantwortungsbewussten Umgang mit Sportmaterialien, Räumen, Gebäuden und der Mitwelt.

5. Das Interesse der Sportlerinnen und Sportler, ihre Gesundheit, ihr Wohlbefinden und ihre persönliche Entwicklung stehen über den Interessen und den Erfolgszielen der Trainerinnen und Trainer. Alle Trainingsmaßnahmen sollen dem Alter, der Erfahrung sowie dem aktuellen physischen und psychischen Zustand der Sportlerinnen und Sportler entsprechen.

6. Trainerinnen und Trainer verpflichten sich, den Gebrauch verbotener Mittel (Doping) zu unterbinden und Suchtgefahren (Drogen-, Nikotin- und Alkoholmissbrauch) vorzubeugen. Sie wirken ihren negativen Einflüssen und Auswüchsen durch gezielte Aufklärung und Wahrnehmung ihrer Vorbildfunktion entgegen.

7. Der Trainer / die Trainerin respektiert in allen Verhaltensweisen die Grundsätze des Fairplay, insbesondere beachten sie die Ordnungen des DFB, sie üben Korrektheit, Recht und Kollegialität und bemühen sich um gegenseitiges Vertrauen.

8. Der Trainer / die Trainerin unterlässt diffamierende Äußerungen über Kollegen, insbesondere im Hinblick auf Können, Arbeitsleistung und persönliche Wertschätzung.

9. Der Trainer / die Trainerin greift nicht in ein geschütztes Arbeitsverhältnis eines Kollegen ein, d.h. solange die vertragsrechtlichen Angelegenheiten eines Kollegen nicht ordnungsgemäß mit dem Verein geklärt sind, beginnt und übernimmt kein Trainerkollege die neue Tätigkeit.

10. Der Trainer / die Trainerin bemüht sich um eine hohe Allgemeinbildung und kommt ständig der Fortbildungspflicht nach.

Nachwort

„Spieler kommen mit Freude zu Sport. Es liegt an uns Trainern, dass sie auch mit Freude wieder nach Hause gehen."

Liebe Leserinnen und Leser,

ich danke Ihnen, dass Sie mich auf der fiktiven Reise durch die Saison begleitet haben und hoffe, dass Sie beim Lesen viel Freunde an „Meisterschaft dank Menschlichkeit" hatten. Des Weiteren hoffe ich, dass Sie dem Buch nützliche Tipps entnehmen konnten, die Ihnen auf Ihrem Weg als Trainer eine Hilfe sein werden. Für die Spieler unter den Lesern hoffe ich, dass Sie einen lehrreichen Einblick hinter die Kulissen des Trainerjobs werfen konnten, der Ihnen für die zukünftige Interaktion mit Ihrem Trainer hilfreich sind.
Bedanken möchte ich mich bei meiner Familie – meiner großartigen Frau und meinen wundervollen Kindern - die mir jeden Tag aufs Neue vor Augen führen, was das Leben wirklich lebenswert macht. Ich danke ebenso all meinen Spielern, Trainerkollegen und Betreuern für die vergangene Zeit. Es war mir eine Freunde, mit jedem von euch zu arbeiten und bin dankbar, jeden von euch als Spieler, wie auch als Mensch kennengelernt zu haben und freue mich auf viele weitere Jahre als Trainer – mit ganz besonderen Menschen und schönen Geschichten.

Ich wünsche Ihnen auf Ihrem weiteren
(sportlichen) Lebensweg alles erdenklich Gute
und verbleibe mit besten Grüßen

Tobias Mann

„Dein Lächeln ist dein Logo.
Deine Persönlichkeit ist deine Visitenkarte.
Wie andere sich fühlen, nachdem du
Ihnen begegnet bist, ist deine Marke."

(Jay Denzie)

Tobias Mann - Trainer I Autor I Leader I Mensch

Besuchen Sie mich in den sozialen Netzwerken
und auf www.tm-literature.de

Meine Partner

SPM Werbestudio
Peter Lübeke
Einbeck-Hullersen

3t-system.de
Amin Tirmizi
Kassel-Baunatal

Notizen

Notizen